全店舗閉店して会社を清算することにしました。

福井寿和

コロナで全店舗閉店、事業清算、

再出発を選んだ
社長の話

実業之日本社

全店舗閉店して会社を清算することにしました。

コロナで全店舗閉店、事業清算、再出発を選んだ社長の話

はじめに

この本は、私が経営していた飲食店を全店舗閉店して会社を清算した、いわば廃業の経験を書いた本です。この本を手にとったあなたは、少なからず会社経営に興味があるか、実際に経営に携わっている方だと思います。もしくは、事業ではなくても、いま取り組んでいることを継続するか、撤退するか決めかねている方もいるかもしれません。

2020年4月、飲食店を5店舗経営していた私は、新型コロナウイルス感染症の影響により大きく売上を落とすことになりました。人々の生活スタイルはガラッと変わり、このまま店舗を経営していても近い将来立ち行かなくなることは明白でした。

4月下旬のこと、様々な葛藤と苦悩を乗り越えた末に、経営していた5店舗を全店舗閉店して会社を清算することを決断しました。この決断に至るまでの背景をつづったブログ『全店舗閉店して会社を清算することに決めました』（5月8日投稿／note.com/aomorio/n/nd4264eabe912）は、2日間で140万PVを超える反響をいただき、飲食店従事者をはじめ、経営者、著名人、政治家など多くの方から共感をいただきました。

その背景には、新型コロナウイルス感染症の影響により多くの経営者が経営難で苦しんでいたこと、休業や外出自粛により自宅待機が余儀なくされ、生活に影響が出た方々が多かったことがあると思います。

また、新型コロナウイルスが経済へ影響し始めると言われていた初期の段階で閉店を決断したことや、**『全店舗閉店』**というインパクトがある言葉がSNS上で拡散されたことも要因にあると思います。店舗が閉店するというネガティブなことにもかかわらず、従業員と私が笑顔で写真を撮っていたその関係性にも、多くの反響をいただきました。

国内で緊急事態宣言に向けた動きが広まる中、私が経営していた店舗の売上は大きく落ち込み、連日見たことがない売上を記録しました。

昨対比で70%、50%、25%と信じがたい数字が続き、店舗の現場で働いている50名弱の従業員にも不安と疲れが見られるようになりました。

「このまま続けても赤字が膨らむ。従業員も働くことを望んでいない」

4月上旬、悩んだ末に全店舗の休業を決断しました。

ゴールデンウィークが明けた5月7日、私が拠点を置く青森県では休業要請は解除されましたが、状況が急に変わるわけもなく、依然としてソーシャルディスタンスを求められる状況でした。根本的にコロナのリスクがなくなったわけでもありません。

今後の経済についてどう考えるべきか。コロナの終息を悲観的に考え、自分たちがコントロールできる範囲で、会社の数字を現実的に突き詰めて考える必要があると考えました。

私が運営していた飲食店の業態と会社の財務状況では、仮に3ヶ月以内に売上が70%程度に回復したとしても年内倒産が濃厚。銀行融資を受けることや助成金で当面のキャッシュを確保することも可能でしたが、返済が始まった後のキャッシュフローをどうするのか？　ウィズコロナ・アフターコロナに則した収益モデルへの転換、そのための資金と労力なども考えると、来年以降も非常に厳しい状況が続くと考えました。

・座席の間隔を開けて店を営業して採算はとれるのか
・一日に何度も共有部分を消毒する労力とコスト
・万が一コロナが発生した場合の経営リスク
・お客様からの指摘、クレームによる現場の疲弊

これがいつまで続くのか先行きが見えず、コロナ以前の飲食店運営とは明らかに状況が変わることは容易に想像できました。

テイクアウトを強化しても従来の売上を補完できるほどのレベルではなく、営業すればするほど赤字になる状態です。ネット通販を始めることや店の業態を変えることも考えましたが、私の中では復活する将来像が描けず、新規事業をやるには飲食店を

運営していることが重荷になってしまうという結論に至りました。

そして、4月の休業から営業を再開することなく、全店舗閉店することを決断しました。

再開を待ってくれていたお客様のご期待に応えられなかったことには、本当に悔いが残りました。「食べ納めしたかった」「コロナが終わったら行きたかった」と言ってくれたお客様には本当に申し訳なく思います。

しかし、コロナの傷が浅いからこそ、早期の事業整理が必要だと判断したのは事実です。仮に営業を再開して、予想通り従来の業績に戻ることがなかったとしたら、私の会社が倒産することで取引先の連鎖倒産の引き金になった可能性もありました。従業員に給料を支払えないまま倒産することも考えられました。守るべき人たちを最低限守れるのは、いまのタイミングしかないと考えました。

私はこの経験から多くのことを学びました。自社の倒産が現実味を帯びるまでは、廃業することは悪であり、事業を継続することこそが正義だと考えていました。廃業した先の人生はどん底で、もう二度と表を歩けないとも思っていました。

しかし、早期の事業整理は取引先や従業員を救う手段になり得ること、倒産という現実に実直に向き合い、一つ一つに誠実に対応していけば、必ず道は開けるということがわかったのです。結果として、取引先、従業員からも感謝され、金融機関にも最小限の損害にすることができました。

政府の新型コロナウイルス支援策がまだ見えていなかった状況下での今回の決断は、「非常に早かった」と言われます。

それは、このタイミングで決断したことに対する賞賛と、決断が早すぎるのではないか？　何か裏があるのでは？　という疑問があるからだと思います。

しかし、この決断ができたのは、その背景に私自身がこれまで会社経営で培ってきた土台があり、閉店を決める際に確固たる軸を持つことができたからに他なりません。この学びと経験は、新型コロナウイルス感染症が終息した後の世界にも、広く伝えていかなければならないと、強く思っています。

また、こうして会社をたたむことになった人間が、次のステップに向けて明るい人生を送っている姿を伝えることで、再チャレンジできることを世の中に伝えていきたい。このような思いから本を書くことにしました。

人生は苦難と決断の連続です。読んでいただいた人に少しでも前向きに考えられるヒントを届けられたらと思っています。

CONTENTS

第二章

コロナ影響開始〜閉店決断

2019年12月〜2020年4月

第三章

会社清算開始～「決断」の反響

第四章

全店舗閉店後〜これからの挑戦

第五章

全店舗閉店の経営者がいまだからこそ伝えられること —— 179

第一章

創業からコロナ襲来まで

創業〜2019年末

社長に憧れた学生時代

私が経営者になることを意識し始めたのは高校時代に遡ります。きっかけはライブドアの堀江貴文元社長やサイバーエージェントの藤田晋社長をテレビで見たことでした。

社長とはスーツを着て偉そうにしているイメージしかなかった私にとって、Tシャツにジーパン姿のラフな格好をした堀江さんや藤田さんは衝撃的でした。「こんな社長がいるんだ！　自分もなりたい！」と思ったことをいまでも鮮明に覚えています。

「社長になるためには経営学を学ぶしかない！」そう考えた私は、大学は経営学科に進学しました。

しかし、大学では勉学よりもサークル活動とアルバイトに熱中。初めてのアルバイトは駅構内にある中華料理店の調理スタッフでした。このバイト先で大学卒業までの

3年半を過ごし、後にこの経験が飲食店を始める基礎となりました。

転機となった社会人経験

起業するならITだと思った私は、大学卒業後、まずはITスキルを身に付けるため日本NCR株式会社にシステムエンジニアとして入社。大手小売企業のシステム開発に携わり、ITスキルと業界知識を身に付けました。特にPOSレジの開発に携われたことは、後に飲食店を起業した際にも大いに役立ちました。

転機となったのは社会人4年目に転職した株式会社マネジメントソリューションズでの経験です。この会社はPMO（プロジェクトマネジメントオフィス）と呼ばれるプロジェクトマネジメントの支援を専門にしています。私はPMOの一員としてITプロジェクトに参画する中で、プロジェクトが円滑に進み始める状況を目の当たりにし、この経験とスキルを故郷の青森でも活かすことができないかと考えるようになりました。

2013年、当時設立8年目の株式会社マネジメントソリューションズ（現在は東証一部上場）に入社し、高橋信也社長によるダイナミックな会社経営を間近で見ることができました。この刺激も私の独立への後押しとなりました。

2014年春、高橋社長と同僚の応援もあり、故郷青森にUターンして青森のために働くことを決意します。

「青森を若者が誇れる街にするためには何をすべきだろうか」

真っ先に思い付いたのは政治家への道でした。

当時お付き合いしていた彼女は同じ青森県出身。「青森を変えたいから一緒に青森に戻ってほしい」という私の気持ちを、彼女は快諾してくれました。

2014年5月上旬、私たちは一緒に青森に戻り、同月29日、彼女の誕生日に婚姻届を出しました。

市議会議員選挙に立候補するが落選。選んだ道は起業

私の出身は青森県つがる市です。しかし、県庁所在地である青森市で若い人が議員になれば、他の市町村でも若者が立ち上がると思っていた私は、青森市内の妻の実家に居候することになります。

知り合いがほとんどいない青森市で当選ラインを超えるためには、とにかく目立つしかありません。そこで、当時、夫婦ドラマで流行っていた「おっと」「つま」のパロディTシャツを作り、活動を開始。時折、妻の親戚や友人にも協力してもらいまし

た。

しかし、現実はそう甘くはありません。政治家への道は、予想よりもはるかに厳しく、何度も心が折れそうになりました。それでも、日に日に増える支援者の方々からの激励、友人や元同僚からの応援もあって、2014年10月、27歳で青森市議会議員選挙の立候補にこぎ着けました。

この年の選挙は、市議会議員の定数が41人から35人に削減され、現職だけで36人、新人を合わせると44人が立候補した厳しい選挙戦となりました。

結果は1866票の信託をいただくも落選。

これまで大きな失敗もなく生きてきた私にとっては、初めて大きな挫折を味わった経験となりました。

しかし、この選挙活動は、シングルマザーや子育て中の女性の雇用を考える機会が多く、後に起業してから女性が働きやすい会社作りを考えるきっかけとなります。

選挙戦の後始末に追われて1ヶ月が経った頃、この時には議員として生活していくことしか考えていなかった私は、途方に暮れながらも将来を考え始めます。

結婚して妻もいる、この先どう生きていくのか、政治家の道はどうするか。

悩んだ末に出した答えは『**起業**』でした。

「4年後にまた立候補するためには、誰にもコントロールされずに選挙活動ができる働き方をしなければならない。ならば、起業しかない！」

まさかこのような形で経営者の道を歩み始めるとは、社長に憧れた高校時代には考えもしませんでした。

2014年11月、合同会社イロモア（2017年に株式会社イロモアに組織変更）が本格的に動き出します。

コワーキングスペースの運営。仲間の廃業

起業してすぐに飲食店の経営を始めたわけではありません。

最初に立ち上げた事業は、ＩＴスキルを活かしたウェブ制作と講師業、そしてコワーキングスペースの運営でした。

当時、妻の同級生が中古車販売で起業していました。彼は事務所を一人で借りていたため、家賃が重荷になっていることを知っていた私は、彼にコワーキングスペースの一部を間貸しする案を持ちかけたのです。

「家賃が安くなるなら」と彼は快諾。自分の事務所でもあり、先に起業した同級生の事務所でもあり、コワーキングスペースとしても活用できる場所として、本格的に開業に向けて動き出します。


ところが、最も大事な資金がありません。選挙で自己資金を使い果たしてしまった

ため、物件を借りる費用や内装費に使えるお金すらもありませんでした。ふと、何かで読んだ「お金は親戚から借りろ。銀行は返済を待ってくれないが親戚は待ってくれる」という一節を思い出しました。

親戚に聞くことは気が引けましたが、その程度で諦めるわけにはいきません。思い切って親戚にお金を貸してくれないか打診しました。事業計画とプレゼン資料を作り込み、親戚の前でプレゼンです。

いまでこそコワーキングスペースは浸透していますが、2014年当時はまだまだ先進的な取り組みで、理解できる人は決して多くはありませんでした。それでも親戚は「内容はよくわからないけど、熱意は伝わった。そんなに言うなら……」と200万円を貸してくれ、私はこの資金を元にコワーキングスペース事業を始めることになります。

物件は青森市内の方々がアクセスしやすい場所で、室内の広さも30坪程度あるものを選びました。開業までに妻と友人にも手伝ってもらい、約1ヶ月半かけてDIYで内装を仕上げました。

そして、2014年12月24日、「コワーキングスペース202」をオープンしました。訪れる人がリラックスできるように、いかにも事務所らしくない、明るくかわいい内装。入り口で靴を脱げるようにして、室内イベントにも対応した場所作りを意識しました。

オープン初日はたくさんの方が来てくれました。その後も自らイベントを企画して集客したり、セミナーやイベントスペースとして利用してくれる人を探して、徐々に利用者を増やしていきました。

しかし、現実はそう簡単にはいきません。イベントやセミナーの参加費、ゲスト利用料だけではコワーキングスペースの固定費をまかなうことができず、ウェブ制作や講師の仕事で収入を増やしていきました。

ウェブ制作は主に、個人店や企業のホームページの制作を、クラウドソーシングも利用して全国から受注しました。同時に講師の派遣にも登録して、Officeソフトの使い方など、IT教育講師としても稼働。一体何屋だか自分でもよくわからなくなりながら、コワーキングスペースの費用を捻出し、なんとか維持できる見込みが立ちました。

ところが2015年3月、一大事件が起きます。中古車販売で起業した妻の同級生が事業を辞めて就職すると言い出したのです。

コワーキングスペースのビジネスモデルは、毎月の利用料を支払ってくれる利用者がいて成り立つものです。オープンして間もないコワーキングスペース202は、彼の利用料があったからこそ成り立っていました。このタイミングで彼が抜けるということは、すなわちコワーキングスペース202の破綻を意味します。

オープンから3ヶ月目に、突如として事業継続の岐路に立たされたのです。

カフェへの事業転換。飲食店経営の道へ

「とにかく、この場所は残したい。コワーキングスペースは諦めて、固定費を賄える事業に転換することが必要だ」

これが私の考えで、事業転換は必須だと感じていました。

一方で、当時一緒に運営していた妻は「これから利用者が出てくるかもしれない。もう少し続けてみたい」と真逆の意見でした。

これまでも利用見込みのある人に声をかけてみたものの、コワーキングスペースの反応はイマイチ。結果、毎月固定で利用してくれる利用者の獲得は3ヶ月でゼロという数字です。私は、同級生が退去しなくても、コワーキングスペースはいずれ限界が来るだろうと感じていました。

そんな折、思い付いたのが**『子連れに優しいカフェ』**への転換でした。

青森に帰ってから、友人と食事する機会が多くなった妻は「子連れの友達とご飯を

食べに行く場所がない」とよく言っていました。

「もしかして、靴を脱いで入れて、明るくかわいい内装の店内なら子連れのママに喜ばれるのではないだろうか？　カフェなら大学生時代の中華料理屋のバイト経験が活かせる。コワーキングスペース202から事業転換するには一番手っ取り早い。妻もカフェをやってみたいと言ったことがあった。これなら説得できるかも」

このように考えた私は、早速妻を説得し、「カフェにするなら……」と了承を得ることに成功。急いでカフェへの事業転換を図ることに決めました。


カフェの開業は、ネットの情報と既にカフェを経営していた知人の助言を元に準備を進めていきました。コワーキングスペースには簡易的な台所しかなかったので、飲食店として営業するには工事が必要でした。

しかし、私たちは資金がなくお金をかけられなかったので、友人の助けを借りて最低限の設備工事だけ行いました。保健所の指導も受け、飲食店営業許可も取得。約5万円の設備工事のみで、カフェへの事業転換の準備が整いました。

カフェに転換すると決断してから1ヶ月後の2015年4月4日、コワーキングスペース202は『CAFE 202 青森店』として再スタートしました。

これが飲食店経営を始めたきっかけです。

初月の売上は11万円

カフェをオープンできたことはいいものの、飲食店経営の素人だった私たちは全てが手探りでした。大学生時代のアルバイト経験は、現場のオペレーションには役立ちましたが、経営に関しては何も知識がありませんでした。

営業時間は11時～19時、メニューはパスタ、カレー、ワッフル、ドリンクで営業を始めてみました。

蓋を開けてみたら平日の来客は1日1～2組、土日は多くて5組程度。来客のほとんどは知人でした。

「カフェなら来てくれるだろう」

そんな淡い期待を持っていた私に、厳しい現実が突きつけられました。お客さんが全く来ない日もあり、それ以降、「今日は何組来てくれたね」と妻が言うようになったのを覚えています。

初月の売上は11万円。

大赤字からのスタートでした。

しかし振り返ってみると、この1ヶ月には意味がありました。急ピッチで開業を進めた私たちにとって、お客さんが来ない時間は料理の試作にあてることができます。この時に開発した厚さ5㎝の『**極厚パンケーキ**』は、CAFE 202の看板メニューとなりました。有り余る時間を使ってカフェのホームページも作り込むことができました。

極厚パンケーキができてからは、「厚いパンケーキがあるカフェ」として少しずつ口コミが広がるようになりました。1日の売上が数千円だったものが、4月下旬には1日1万円を超えるようになり、ゴールデンウィーク中は3万円を超える日も出てきました。

しかし、依然として財務状況は厳しいまま。売上が伸びない状況があと1ヶ月続けば、閉店は免れないほど資金の底は見えていました。

そして転機となるテレビ局の取材が入ります。

お店のホームページをしっかり作り込んでいたおかげで、たまたま「パンケーキ特集」の企画を考えていた担当者の目に止まったのです。

ゴールデンウィーク明け、2015年5月8日（金）、CAFE 202がテレビで放送されました。反響はものすごく、翌日からお客様が殺到し、平日になっても売上が3万円を超える日が続きました。

絶望の淵に立たされた私たちにとって起死回生の瞬間でした。

「CAFE 202 青森店」の店内

（上）オープン直前の「CAFE 202 青森店」の店内。（下）「CAFE 202 青森店」の最終形の店内。子連れでもゆっくり寛げるように、テーブルから座敷へ変えるなど、改良を重ねていった

お客様に迷惑をかける日々。初めての雇用

テレビの放映後は連日の大盛況。しかし、5万円という最小限の設備投資で作られた厨房は、完全に悲鳴を上げていました。客席数に対する生産力が、圧倒的に足りない状況でした。

料理を1時間以上待たせることは日常茶飯事、混雑時は2時間近く待たせてしまったこともあります。パンケーキを急いで作るあまり、品質が安定せず、お客様にご迷惑をお掛けしたことも多々ありました。

それでも私自身は一生懸命に料理を作っていたので、こっちの事情も理解してほしいとさえ思っていました。

ネットの口コミには「こんな店はすぐに潰れる」と書かれ、友人からも「パンケーキは美味しいけど時間がある時にしか行けないよね」と言われてハッとしたのを覚え

役員報酬8万円。厳しい飲食店経営の現実

徐々にお店は忙しくなり、月商は70万円を超え、毎月少しずつ成長していきました。しかし実際に手元に残るのはわずか8万円。試行錯誤しながら飲食店を運営していたこともあって、一般的な飲食店より経費もかかっていました。家賃などの固定費に対して売上が低すぎることも原因でした。

月末の支払い時には預金残高が一気になくなり、店舗運営は自転車操業状態でした。

アルバイトとして飲食店で働いた経験から、「カフェくらい何となくできるだろう」と思っていただけに、こんなにも飲食店経営が大変だとわかった時はショックでした。

何度やめたいと思ったことか、何度会社員のまま働いていれば良かったと考えたことか……。

「貧すれば鈍する」という言葉があるように、収入が少なく目先の生活すら危うい私の思考は、どんどん狭まっていきました。地元青森のために働きたいと思ってUターンしたはずが、大きな挫折感を味わい、いつの間にかその気持ちすらも忘れていました。

幸い、妻の実家で暮らしていたため、生活面では義母の援助を受けながらなんとか生活をすることができました。しかし、携帯電話の料金すら支払うのが厳しく、毎日節約しながらの生活には疲弊していました。

それでも、こんな苦しい状況でも店を続けられたのは、独立したプライドがあったからで、むしろ、それ以外の理由はありません。

ここでやめたら負けだ、ここでやめるなんてかっこ悪い。

その気持ちだけで苦しいながらも続けてきました。

月商100万円を超えて、飲食店の形になり始める

厳しい経営状況の中、開業から半年後には、何とか月商100万円を超えるまでになりました。開業直後の月商が11万円だったので約9倍の成長です。毎月小さな改善を重ねていきました。料理を提供するまでのオペレーションを効率化したり、予約管理を導入したり、新たな従業員を雇ってシフトで業務を回せるようにしたり、できることから実行することで、少しずつですが飲食店の形になっていきました。

お店が回り始めた手応えはありました。しかし、まだまだ素人が始めた飲食店であることに変わりはありません。お客様に満足いただける料理・サービスを提供できていたのか不安もありましたし、経営や料理に関する知識不足も感じていました。

とにかく他店から良いところを学ぼう！　と思い、他の飲食店を研究し始めまし

た。

料理の価格と質、メニューの作り方、商品の見せ方、接客、調理オペレーション、どのようなスタッフが在籍しているのか、どんな客層が来店しているのか、外装・内装など、飲食店を経営する上で必要なことを研究し、吸収していきました。

2ヶ月に一度は県外の飲食店を訪れました。東北6県は妻と車で巡り、関東、関西にも足を運びました。研究対象はチェーン店、有名店はじめ、老舗の喫茶店、個人経営の料理屋など、多い時で1日10軒の飲食店を訪れたこともありました。

そこで得た知識やアイディアを店舗で試しながら、**『お客様に満足いただける飲食店を作りたい』**の一心で必死に取り組んできました。

そして、効率よく料理を提供するためには、いまの厨房設備では限界があるという確信を持った私は、カフェのオープンから1年後、初めて銀行から借入を行い、厨房の改装も行いました。経営者として、お金を使うべきところにはきちんと使う感覚を、実体験を通して得られたことは、いま振り返っても良かったと思います。

リニューアルオープンした2016年5月、月商は220万円を記録しました。

飲食店としてはそこまで大きな売上ではありませんが、私の中では大きな進歩でした。

事業拡大。多店舗展開へ

気付けば、私は飲食店経営の魅力に取り憑かれていました。

4年後に再び立候補するための起業だったのに、あんなにやめたいと思っていた飲食店のはずなのに、自分の目の前で自分が作った料理をお客様がおいしそうに食べる姿を見てやりがいを感じるようになりました。お客様が会話で盛り上がり、子どもたちが楽しそうに走り回り、店全体が明るい雰囲気になるその空間が何より好きでした。売上が上がると利益も残るようになりました。生活にも余裕ができ始めて、自分自身を一歩引いて客観的に見ることができるようになりました。

その頃から漠然と、青森の人たちが他県の人に誇るような飲食店を作りたい、他県からもわざわざ来たくなるような飲食店を作りたいと思うようになりました。そのうち**『青森で一番の外食企業にしたい』**という気持ちが強くなっていきました。

そして夢を叶えるべく、２０１７年2月に2店舗目となる洋風居酒屋を青森県青森市にオープン、２０１７年9月に3店舗目となるカフェの2号店を青森県弘前市に出店しました。

売上・利益重視の経営方針

店舗展開をスピード感を持って行うために、銀行からの借入で拡大していきました。

それは、銀行の担当者も「待った」をかけるほどでした。3店舗目をオープンする際に、銀行からは事業展開のスピードが早すぎると言われ、「組織は大丈夫なのか？」「店長は育っているのか？」「マネジメントは大丈夫なのか？」何度も確認されました。

私は2店舗目の洋風居酒屋がヒットしたこともあって、コンセプトと店舗作りに関して、大きな自信を持ち始めていました。店舗オペレーションもゼロから構築してきたという自負もあり、得意になっていました。

他人から何を言われようが、感覚的に3店舗くらいはうまくやれると思っていたのです。そして何より、どんどん売上を拡大していきたい欲求にかられていました。

「地方はスピードが遅すぎる。東京では創業間もない飲食店が1年間に数店舗展開しているところもある。地方が衰退する原因はチャレンジしない風土に問題がある！3店舗くらいならマネジメントできる！」

銀行にはそう言って、なんとか融資を通してもらいました。自分の自信に対して、銀行が「待った」をかけたことに、意地になっていた部分もありました。

いま思えば、飲食素人が飲食店を創業して、3年も経たないうちに3店舗を運営するのは無謀だと思われても仕方ないと感じています。

こうして店舗展開をしていくと同時に、全面的に価格の改定も行い、店舗運営も効率的にシフトを組むことで利益の拡大も目指していきました。

当時はどうやったら売上がもっと上がるのか、どうやったら客単価を少しでも上げられるのか、どうやったら利益が少しでも残るのか、そればかり考えるようになっていました。自分の想定した通りの数字になっていくことに快感を覚え、まるでゲームをしているような感覚に陥ってしまったのです。

そこには従業員も取引先もお客様も不在の独りよがりな経営者がいました。

各店舗の店長には飲食経験が豊富な社員を任命しました。いずれ十数店舗の規模になった時のために、各店長が自走して店舗運営をできるように「売上を上げる方法を考えるように」「人件費は節約して利益を残すように」といった曖昧な指示で店舗を任せていました。

これらが大きな失敗につながっていくことを、当時の私は気付いていませんでした。

任せることが従業員の成長につながると信じていました。ただ、それは会社のミッションやビジョンを示し、向かうべき方向を伝えた上で、経営者が責任をとることを約束して、各店長をフォローしながら進めることが前提です。

当時の私の任せ方は、ただの放任に過ぎませんでした。

従業員の大量離職

次第に社内の規律は乱れ、職場に締まりがなくなっていきました。店舗が増えてさらに忙しくなっていた私は、従業員とコミュニケーションがとれなくなっていきました。3店舗くらいならマネジメントできるだろうと思っていましたが、甘かった。徐々に様々なところへ目が届かなくなっていく感覚がありました。

特に創業店舗の従業員とは一緒に働いた時間も長かったため、いつも店にいたはずの私と会話がし辛くなったことで、見えないストレスが溜まっていったのでしょう。

一部の従業員からは「何を考えているかわからない」「最近、冷たい」という声も上がってくるようになりました。

初めて従業員を雇った頃、私自身は飲食店のブラックな労働環境を改善したいと思い、完全週休2日制、シフトは自己申告で休みの希望を優先するような環境を作っていきました。シフトに穴が空いたら、妻か私が出勤。そうすることで店を休業することなく営業していました。市議会議員選挙に出馬した際に思った、女性が働きやすい環境作りも心がけていました。

しかし、売上を拡大する意識が強くなってからの私は、そんな創業時の志などなかったかのように、むしろ社員に迎合する社長ほどダサいものはないと思っていました。社内の指示命令系統をしっかりして、お互いにやるべき仕事をきちんとやる。その関係性こそが会社組織というものだと思い込んでいたのです。

次第に口調もきつくなり、「社員たるもの、店の営業を優先すべきだ」という考えに変わり、従業員への要求も厳しくなっていきました。

ついに従業員から「付いていけません」と言われ、2ヶ月間で2割もの従業員が離職することになったのです。

それでもその時は、「やめたい奴はやめればいい」とさえ思っていました。

それだけ店舗運営の仕組みに自信を持っていて、飲食経験が少しでもある人ならすぐに慣れるし、代わりはいくらでもいると考えていたのです。

妻が体調不良で会社から離脱。
私も体調不良になる

会社をもっと成長させたい。

売上をもっと上げたい。

私自身はその一心で朝から晩まで働き、寝る以外は常に仕事をしているような生活を送っていました。2店舗目をオープンした時にちょうど息子が生まれ、妻は初めての子育てと並行して会社経営を手伝ってくれていましたが、私は「自分の時間がなくなると会社の経営に支障が出る。家のことや会社の雑務も妻がやってほしい」とさえ思っていたのです。

妻は子育てに奮闘しながら、店舗のシフトにも入り、事務仕事もやってくれました。本当に寝る以外仕事をしていたのは妻だったのです。

それなのに私は、そのような妻の努力を理解することもせず、当たり前のように会社の雑務の要求をしていきました。

そんな状況でも妻は耐えて一緒に走り続けてくれました。

しかし、子どもが生まれて2年が経った頃、妻は仕事が全く手につかなくなっていきます。事務仕事は期限ギリギリ、書類の提出期限も過ぎるようになり、頼んだ仕事が1ヶ月間何の進捗もないこともありました。子どもに対しても、どこか冷たくなり、私から見ても余裕が全くない様子でした。それでも会社の業務は続けなければいけなかったので、作業量を減らしながら手伝ってもらっていました。

妻と私の間には、2019年2月に第二子の娘が生まれました。息子1人育てながら会社の業務を手伝うだけでも大変な状況なのに、新たに娘も見なければならず、いよいよ本当に余裕がない状況になりました。

そして2019年の夏、身体的な疲労と精神的な疲労が重なり、妻は体調を崩してしまったのです。

妻は仕事に対してとても責任感が強い人でした。仕事ができなくなっていることを自分が一番わかっているからこそ、できない自分を責めるようになりました。子どもに対しても、本当はもっと愛情を注ぎたいのに、それができない自分を責めるようになっていました。

その時初めて、「私はなんてことをしたんだ……」と気付きました。「何のために会社を経営しているのか」「何のために売上を上げようとしていたのか」、自分の見栄とプライドのためだけに会社を経営していたことに気付かされたのです。

これがきっかけでもう一つ気付いたことがあります。私が傲慢な経営をしても2割の従業員しかやめなかったのは、妻が従業員の信頼を得ていたからであり、妻がいるから従業員は会社に残ってくれていたのです。

私は、自分なりに従業員に対してリーダーシップを取ってきたつもりでしたが、本当は、裸の王様だったのです。

妻が体調不良になってから、無期限で会社業務から離れることを全従業員に伝えました。妻が抱えていた業務は膨大でした。私が妻の業務を引き継ぎつつ、妻が抜けた穴を埋めるために、早急に社内の組織体制の構築が必要となりました。

しかし、私自身への業務負荷が大きくなり、ついには私も体調不良になってしまいました。体力的に厳しい状況が続くと精神的にも追い詰められていきます。組織をうまく作れないことから感じる会社の将来への不安感や、従業員から信頼されていないのではないかと思う気持ちも強くなっていきました。

不眠状態が1～2ヶ月続き、一日中体もだるくなり、日中は突然動悸がするなど、私自身の身体、精神面の両方が限界になっていきました。

何のために飲食店を経営しているのか自問自答する日々

飲食店の運営が軌道に乗り始めた頃は、本気で青森で一番の外食企業にしたいと思っていました。しかし、妻の体調が悪くなり、自分も不調になり始めると、何のために飲食店を経営しているのかがわからなくなっていきました。

『食を通じて人生を豊かにする』

これが、掲げていた会社の理念です。お祝いの時には目の前においしい食事があり、悲しい時や辛い時もおいしい食事を食べることで元気が出る、そんな食を提供することで、お客様も従業員も人生が豊かになってほしいという思いがありました。

自分に限界が来ると、それすらも疑ってしまうくらいに、なぜ飲食店を経営しているのか答えを見出せなくなってしまったのです。

このような状況がしばらく続き、会社経営に対するモチベーションも上がらず、自分でもわかるくらいに、従業員に対して血が通っていない機械的な態度をとるようになっていきます。

このまま従業員と接していても悪い方向にしかいかないと思った私は、会社業務から一歩引いて、社内でもほとんど表に出ないようにしました。

当時の私は、それが従業員を最も傷つけない方法だと考えたのです。社内の体制としては業務が回るようになっていたので、重要な意思決定やお金の管理、従業員がカバーできない業務だけを行うようにしました。

創業から4年、ずっと最前線で走り続けてきたので不安もありましたが、任せてみると何とかなっていました。

創業から2020年3月までの
イロモアの月商推移と主な出来事

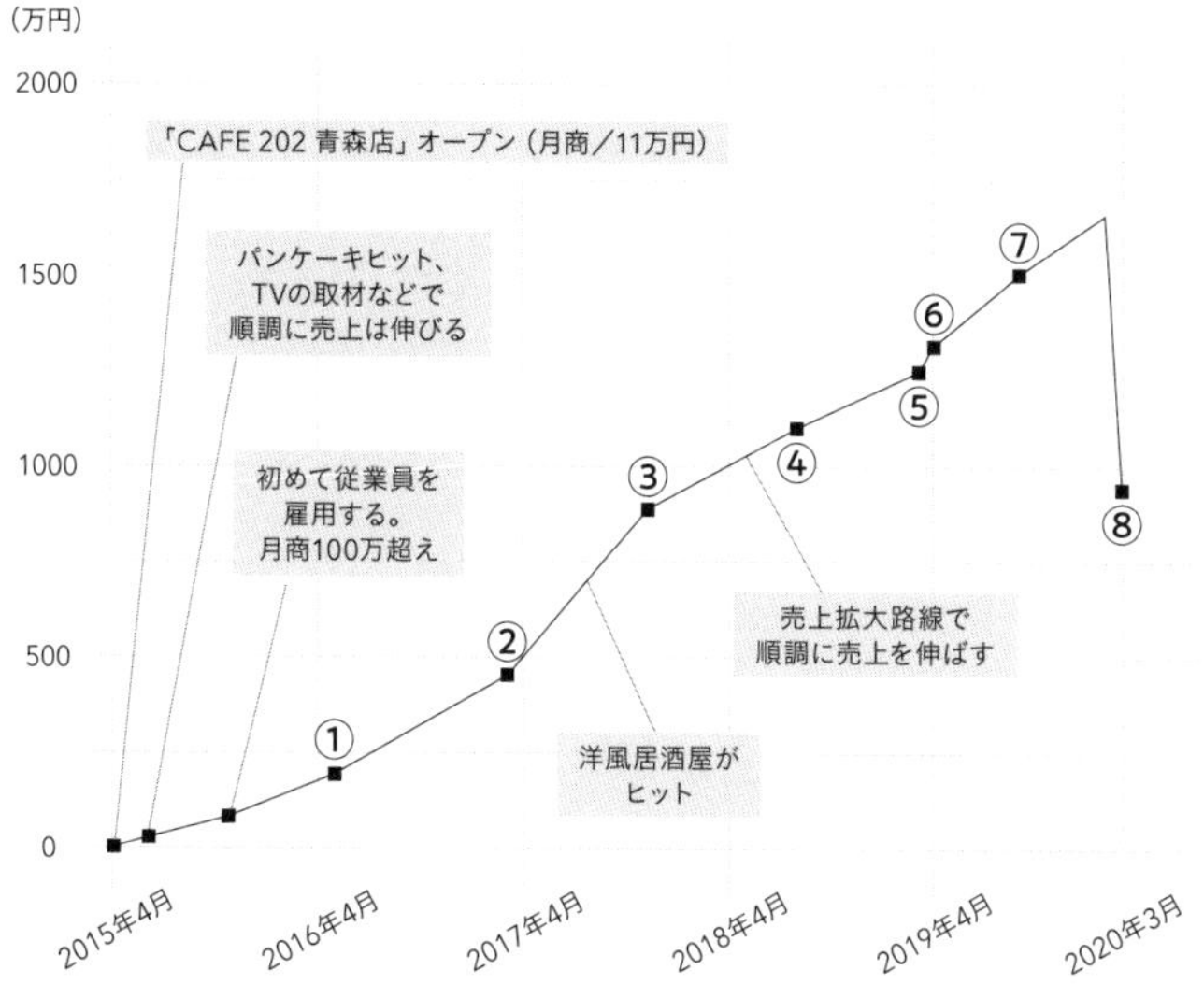

① 初めての借入、「CAFE 202 青森店」リニューアルオープン(月商/220万円)

② 2店舗目となる洋風居酒屋「肉バル529」を青森市にオープン/
福井家に第一子誕生(月商/450万円)

③ 3店舗目となるカフェ「CAFE 202 さくら野弘前店」を弘前市にオープン(月商/800万円)

④ 4店舗目「ごちそうハンバーグ」を弘前市にオープン(月商/1100万円)

⑤ 福井家第二子誕生/年商1億円達成/EO North Japan 入会

⑥ 5店舗目の「CAFE 202 ブランチ仙台店」をオープン(月商/1300万円)

⑦「ごちそうハンバーグ」を「トンテキとハンバーグ202」にリニューアル(月商/1500万円)

⑧ 新型コロナウイルスの影響で売上が前年比80%まで落ち込む(月商/970万円)

オープンから、仕事もプライベートも様々なことがあったものの、会社の経営は順調に伸びていた

従業員の幸せを考えた経営へ

会社業務から離れたおかげで少し時間に余裕ができるようになりました。妻のサポートをしながら、子どもと接する時間も増やし、保育園が休みの日には積極的に子どもと遊びに行くようにしました。

創業から会社のことばかり考えて仕事をしてきましたが、こうして子どもたちが楽しそうに遊び、妻の笑顔を見られることが私にとって本当の幸せなんだ……。しみじみと、そのことに気付きました。自分が体調不良になったことがきっかけで、求めるものの価値観が変わっていたのです。

その時たまたま参加したセミナーのテーマが「幸せ」でした。

何のために会社を経営するのか、何のために働くのか、何のために人生を生きるのかを考えるきっかけとなりました。ハッとしました。

これまで会社を成長させること、売上を伸ばしていくことを一番に考え、将来、立派な資産を形成し、お金に困らない生活をすることが、子どものためになると思っていました。だから、子どものために働けば、妻も喜んでくれると思っていたのです。

しかし、自分も妻も体調を悪くし家族がボロボロになると、本当に大切なものが見えてきました。家族の何気ない日常こそが私の幸せでした。

お金を稼ぐことはたしかに大事です。そのために会社を経営するし、そのために働くことは間違いありません。ですが、当時の私は、いつの間にかお金を稼ぐことが目的となり、家族の幸せがすっかり抜けている状態になってしまっていたのです。誰かを犠牲にしてお金を稼いでも、回り回って自分が不幸になるだけだと感じました。

家族の幸せを一番に生きていきたいと思った時、会社も、従業員の幸せのために作っていきたいと思うようになりました。自分の幸せは、従業員が楽しく会社で働いてくれること。それに気づくと同時に、従業員には、これまで本当に申し訳ないことをしてきたと心から反省しました。

自分なりに従業員の幸せを考えていたつもりでしたが、つもりだっただけで本心では考えていなかったのです。自分の見栄やプライド、自分が成し遂げたいことのために会社を経営していた過去の自分を恥ずかしく思いました。

それから社員、パート、アルバイト約50名と、2週間かけて1対1で面談を行いました。従業員に仕事を通じて幸せを感じてもらうためには、一人ひとりが何を考えて働いているのか知る必要があると思ったのです。

会社の中で働く目的を達成できる環境を作ってあげたい、1日のうちに何時間も費やす仕事だからこそ誇りを持ってもらいたい、そのように考えました。事前アンケートを元に、

・何が目的でこの会社で働いているのか
・自分が所属する店舗の商品やサービスは自信を持って提供できているか
・今後店舗が良くなるためには何をすればいいのか

一人ひとり、30分から1時間かけて面談をしました。この面談からわかったことは、本当に店を好きでいてくれる人が多かったということ、従業員同士の仲がよくて職場が好きだということ、本当は会社や店の改善案を従業員みんなが持っているというこ

とでした。

ある従業員から言われた「やっと私たちが言ってることを理解してくれたんですね」という言葉が印象に残っています。

これまでの独りよがりな会社経営を猛省しました。

そして、この職場を維持していきたい気持ちは強くなっていきました。

第二章

2019年12月〜
2020年4月

コロナ影響開始〜
閉店決断

	コロナ関連の主な出来事	青森、仙台での出来事	イロモアでの出来事
1月下旬-2月	1月30日 WHO「国際的な緊急事態」を宣言 2月3日 乗客の感染が確認された「ダイヤモンド・プリンセス」号が横浜港に入港 2月27日 安倍元首相が全国の学校に臨時休校を要請		2月上旬 店舗でも「青森にもダイヤモンド・プリンセスが来たよね」と話題に上り始める（この時点では売上への影響なし） 2月下旬 社内でも心配の声が増え始める
3月	3月9日 専門家会議が「3条件を避けて」と呼びかけ 3月25日 小池百合子東京都知事が緊急会見し、週末の外出自粛を要請 3月29日 志村けんさんが新型コロナウィルスによる肺炎で死去	3月23日 青森県内で初の新型コロナウイルス感染者が出る	3月上旬 客足が鈍り始め、3/7に昨対比25%という売上を記録 3月中旬 テイクアウト販売を開始／売上が昨対比70%まで回復 再び売上が急落、昨対比30%を切るようになり、社内の空気もピリピリし始める
4月	4月7日 7都府県に緊急事態宣言（この時点では5/6までの予定） 4月16日 政府が緊急事態宣言を全国に拡大	4月1日 仙台市のパブでクラスターが発生	4月2日 仙台市のカフェの売上が昨対比50%に。全社員への緊急アンケートを実施 4月4-5日 仙台のカフェを休業 全店舗で1日の来客数が10組を切るように 4月10日 青森と仙台のカフェを5/6まで休業に 4月20日 全店舗休業 4月末 銀行に会社清算の意思を伝える
5月	5月4日 緊急事態宣言を5/31まで延長すると発表 5月14日 緊急事態宣言を39県で解除（8都道府県は継続） 5月25日 緊急事態宣言を全国的に解除		5月8日 noteに「全店舗閉店して会社を清算することに決めました」を投稿

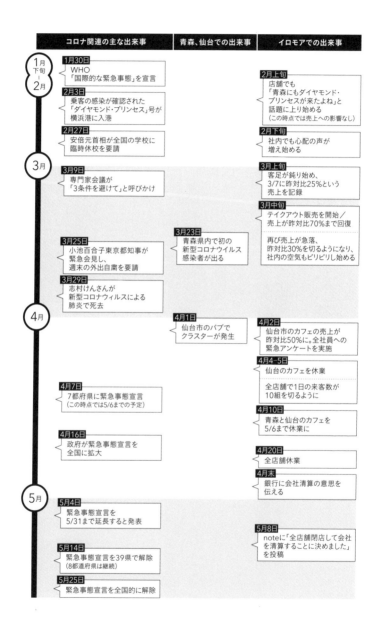

従業員を信じる決意

従業員との面談では、本当にいろいろな話がありました。

「この料理でこの値段は高すぎる」「以前の盛り付けの方がオシャレだった」のようなお客様視点での意見や、「忙しい時に盛り付けを雑にしてしまう」「接客に自信がなくて声が小さくなってしまう」など仕事がうまくできないことに関する悩み、「こんな料理があったらもう一回来たくなる」「お客様を案内する時にこうしたらもっと良くなる」のような改善提案、「ミーティングを再開して欲しい」「もっと一人ひとりを見て欲しい」といった運営方針に関する意見など、1対1でしっかり向き合って話してみると、お店のこと、会社のことを真剣に考えてくれていたことがよくわかりました。

中には、「どうなんだろうと疑問に思うこともあったけど言えずにいた」のように、声を上げにくい社内の雰囲気を作ってしまっていたこともわかりました。

面談の以前から、社内の声を反映する考えはありました。実際に、ミーティングで出た意見を取り入れたこともたくさんありました。

しかし、いまある店の形はこれまで自分が作り上げてきたものだという自負や、ほかの誰よりも多くの飲食店を見てきたという経験から、心のどこかで自分以上に飲食店のことをよくわかっている従業員はいないと思い込んでいました。つまり、従業員を100%信じ切れていなかったのです。

今回の1対1の面談では、全面的に従業員を信用することに決めて臨みました。なぜなら、従業員が仕事を通じて幸せを感じてもらうために、これから何をすべきなのか確認する面談だったからです。

従業員があげてくれた改善事項に、従業員と一緒に取り組んでいきました。ランチメニューの見直し、新しいスイーツメニューの試作、接客マニュアルの作り直しなど、みんなが自ら主体的に取り組んでくれていました。

「よし、心機一転、気持ちを改めてみんなで会社を盛り上げていこう!」

そう思った矢先、新型コロナウイルスが日本に上陸しました。

新型コロナウイルスの上陸

2020年1月中旬、中国・武漢市で流行している新型コロナウイルスに日本人が感染したというニュースが流れました。

この時、私が拠点を置く青森県では全くの他人事でした。まさか日本中で流行して、そして、私自身が新型コロナウイルスの影響で店を閉めることになるとは思ってもいませんでした。

2020年2月、ダイヤモンド・プリンセス号の中で集団感染が発生しているというニュースが流れるようになり、私自身も未知の新型コロナウイルスに興味を持つようになっていきました。

「青森にもダイヤモンド・プリンセス号が来たよね」

従業員ともそんな話をするようになりました。国内でも、新型コロナウイルス感染者が増え、従業員も徐々に世間の動きに注目し始めていたのを覚えています。
この時はまだ、店の売上に影響は出ていませんでした。

影響が出始めたのは、安倍元首相が全国すべての小中高校に臨時休校要請の考えを公表した2月下旬のこと。ネット上でも、毎日新型コロナウイルスの感染拡大が話題になっていました。

この時は「そのうち収まるだろう」「休校になったら小学校の子どもがいるお母さんは大変だなあ」「子どもが家にいたら仕事に行けない人も増えそうだ」「うちの店はシフトに影響ないかな？」「3月は繁忙期だから影響は出るかな？」など、この程度の心配しかしていませんでした。

当時は、新型コロナウイルスに関する知識もなかったので、友人経営者との会話でも「この程度で休校してどうするんだ。仕事できないじゃないか」という話をしていました。

しかし、3月に入ると、ついに店の売上に影響が出始めたのです。

平日の売上は昨対比で70%になり、50%を記録した日もありました。ただ、売上は落ちても「たまたまお客さんが来なかっただけ」「休校要請の影響だとしても、家にじっとしていられなくなってすぐに客足は戻るだろう」と、その程度の甘い考えでした。

この時、青森ではまだ感染者が出ていませんでしたし、こんな田舎で感染者が増えるとも思えませんでした。平時でも、たまに売上が上がらない日があるので、それと同じものと考えていました。

ところが、忘れもしません、2020年3月7日（土）のことです。

いつもの土曜日のランチタイムなら、リアルタイムで更新されるPOSレジのデータ上は満席になっているはずが、この日はあまりにも空席が目立っていました。

「おかしい。土曜日にお客さんが入らないはずはない。店舗のネットワークトラブルが原因で、POSレジのデータが上がってこないだけかもしれない。POSレジが使えず、大変な思いをしてオーダーを取っているだろう。何とかしなければ！」

そう思った私は、すぐに店舗に設置した監視カメラの映像を確認しました。

「これは……本当にお客さんがいない……」

すぐに、休校の影響だとわかりました。頭の中はパニック、胸の音が聞こえるくらいに心拍数が一気に上がりました。驚きよりも戸惑いの方が強く、クラクラと目の前が暗くなる感覚に陥ったのを覚えています。

しばらくは、現実を受け入れられず、飲み込むまでに時間がかかりました。結局、その日の売上は、昨対比25％といういままで見たこともない数字を記録したのです。

この頃から「飲食店が大変そうだから積極的な外食で支えよう」という雰囲気ができつつありました。私も自分の店が厳しい状況ではありましたが、地元飲食店に積極的に行くようにしていました。

突然訪れた危機感と希望

いままで見たことがなかった売上を目の当たりにし、これまでほとんど感じていなかった危機感に襲われました。

「新型コロナウイルスは終息するのだろうか？」

「もし、3ヶ月間、この状況が続けばどうなるのだろうか？」

「売上を取り戻す方法はあるのだろうか？」

どこから考えていいのか、何を考えればいいのか、考えても空をつかむような感覚でした。

そして、考えれば考えるほどに自分の会社の将来に不安を抱くようになっていったのです。

「この状況が続けば倒産するかもしれない……」

この時初めて、倒産の可能性を意識し始めました。

2015年4月に飲食店を創業してから、間もなく5年が経とうとしていました。これまでも、業績の波はあったものの、売上が落ち込んでも、ある程度は解決に向けた方針を考え出すことができていました。しかし、今回の新型コロナウイルスの影響には、これだ！　という答えを見出すことができませんでした。

飲食業界では、店内飲食の需要が見込めないため、テイクアウトを強化する動きが活発になってきました。私が運営していた飲食店では、既にテイクアウト販売を実施していた店舗は宣伝を強化し、未実施の店舗は早急にテイクアウトメニューの作成に取り組みました。

そうこうしているうちに、3月中旬には売上が昨対比で70％まで戻りました。青森県内では、新型コロナウイルスの感染者がいまだ出ていなかったこと、休校要請から1週間以上が経ち、外出自粛に耐えかねた人たちが来店してくれたのだと思います。

「これならテイクアウトと組み合わせていけば何とかなるかもしれない」

少しの希望が見えていました。実際、テイクアウトの売上は伸びつつありました。

再び危機。社内も緊張した雰囲気に

そう思った矢先の3月23日（月）、青森県で初めての新型コロナウイルス感染者が出ました。その後、芸能人が感染したと報道するニュースも増え、日本全体が外出を自粛する動きになっていきました。

売上が回復したのも束の間、客足は一気に途絶え、昨対比で30％を切るようになりました。

平日のランチタイムにノーゲスト、1日の1店舗あたりの売上が1万円を切った日もありました。

次第に、社内にも緊張した雰囲気が流れ始めます。

たまたま体調不良になってしまった従業員に対して「あの人、コロナじゃないですか？」と連絡をくれた従業員もいました。「お店でコロナに感染した人が出たらどうなりますか?」のような問い合わせも各店舗から上がってくるようになりました。それだけ新型コロナウイルスに対して、従業員も敏感にならざるを得なかった状況だったと思います。

中には「会社として出勤基準を明確にすべきです」のような意見をくれた人もいました。

経営者にとっては、非常に悩ましい判断です。安易に出勤基準を決めてしまうと、費用や現場の運用面で負荷が大きくなるからです。費用面では、従業員自ら休みを取得する場合は、有給休暇や欠勤扱いにできますが(=会社の負担は大きくない)、会社が決めた基準で休みを取ってもらう場合は、日本の法律では、従業員に休業手当を支給しなければなりません。仮に「軽微であっても何らかの体調不良になったら休むこと」のような基準を定めれば、同じ職場で働く従業員の安心は得られるものの、会社としては、休業手当の支給によるコストの増加、現場の運用面でも、頻繁にシフト調整をしなければならず、負担が大きくなります。

2019年と2020年の3月〜4月の
「CAFE 202 青森店」の売上比較

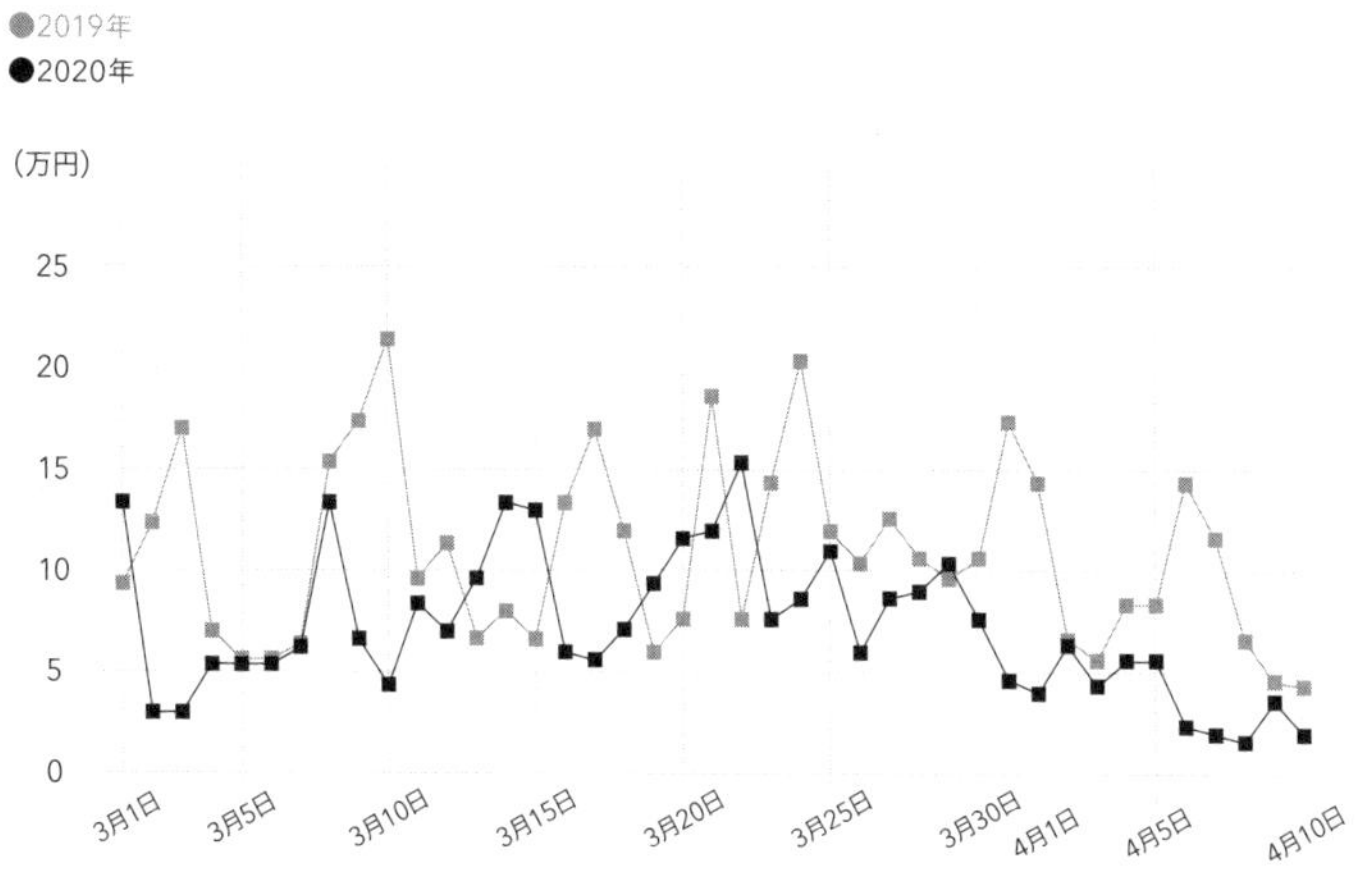

政府が全国の学校に休校要請をした2月末から、徐々に売上に影響し始める。3月中〜下旬に一時回復するかに思えたが、それも束の間、4月に入って状況は悪化する

売上が落ち込んだ直後だっただけに、私自身、いつも以上にコストに対して敏感になっていました。しかし「体調不良になったら自分で判断して休むこと」とした場合、シフトの穴を空けたくない従業員は無理してでも出勤してしまいます。

実際、体調不良になった従業員が「コロナだったらどうしよう……」と思いながら出勤したことがありました。最終的には、国の基準を参照しながら「発熱があった場合は休むこと。37・5度以上の発熱が4日以上続く場合は、専門機関を受診して出勤可否の確認を取った上で出勤すること」という基準を定めて運用しました。

文章にすれば本当に簡単なことですが、新型コロナウイルスの影響がいつまで続くかわからない中で、現場で働く従業員の安心、体調不良になる従業員の心情、会社のコスト、現場の負荷、社会情勢など、様々なことを加味した上での決断でした。

「経営者の仕事は決断すること」というのは、よく聞く話です。小さなことですが、「これが経営者の仕事だよな」と感じながら決めたことを覚えています。

経営者仲間から経験を聞く

話は少し戻ります。コロナの影響が数字に表れる少し前の2020年2月下旬、私は山形県酒田市に向かいました。

ここには、株式会社チェンジ・ザ・ワールドという、グリーンエネルギーを活用したビジネスを行っているベンチャー企業があります。創業者である池田友喜氏（通称コングさん）に会うため、青森から電車を乗り継ぎ約5時間かけて酒田市に向かいました。

コングさんとは「EO North Japan」という年商1億円以上の経営者が所属する経営者団体で出会いました。

彼は、チェンジ・ザ・ワールドを起こす以前、東京でIT企業を経営していました。東京では、ゼロから売上数億円の規模まで拡大するものの、諸般の事情により事業が立ち行かなくなり、倒産を経験されていました。私は、その経験と、酒田市に戻ってもう一度起業した志を聞くために、酒田市に行ったのです。

私は、経営方針に悩んでいました。コロナとは関係なく、今後どのように拡大していけばいいのか、現在経営している飲食店をどの方向に舵を切っていけばいいのか、明確な経営方針を持てずにいました。

2019年4月には、5店舗目となるカフェを仙台市にオープンし、業績の波はあったものの、飲食店の経営そのものは軌道に乗っていました。でも、心のどこかに

「このままでいいのだろうか?」というモヤモヤした感情がありました。

起業してから、ずっと走り続けてきただけに「本当の心の声」と向き合う時間を持つことがなかったからだと思います。「ここまでやってきたから今更……」と、考えることを避けていたのかもしれません。

酒田には**『志』**に向き合う覚悟で行きました。コングさんは、私のために半日かけて話をしてくれました。

この時は、なんとなく「志」のようなものが見えた気はしましたが、答えを見出すまではいけませんでした。しかし、コングさんとの会話の中で、後に私が会社の清算を決めるまでの間、ずっと頭の中に残っていた言葉がありました。

「会社が倒産した時、一つだけ後悔したことがある。それは**『心の声に従うべきだった』**ということ」

私は会社の清算を決断する最後の最後まで、「心の声はなんだろう……心の声はなんだろう」と自問自答していました。

いま振り返れば、この時のコングさんの言葉が「清算」という決断の後押しになったのだと思います。

経営状況の可視化と予測

コングさんに会ってから時を置かず、コロナの影響がみるみる数字に表れてきます。

「倒産するかもしれない……」

そう考えた時に、最初にやったことは財務分析でした。

このような緊急事態では、会社にとって**『現金』**が最も力を持ちます。現金さえ確保することができれば、どんなに赤字になっても会社を存続させられるからです。現金は、会社の寿命そのものと言えるでしょう。

そのためにも、会社の財務分析を行い、現金の動き（＝キャッシュフロー）をしっかり把握することが必要でした。

飲食店のキャッシュフローは、他業種に比べると非常にシンプルです。クレジットカードや電子マネーなどのキャッシュレス決済を除けば、売上は毎日現金で受け取るため、未入金リスクや複雑な入金予測の計算も必要ありません。

材料費などは、月末で締めてまとめて支払いをするため、1ヶ月の支払い見通しも立てやすく、キャッシュフローの計算がやりやすい業態と言えます。しかし、毎日売上金が入ってくるだけに、会社の貯金が本当はいくらあるのかは、銀行口座を見てもわからない業態とも言えます。

2019年3月は、4店舗で月商1200万円ありました。しかし、2020年3月は、5店舗で月商970万円。昨対比で約350万円落としましたが、新しくオープンした1店舗分を考慮すると、500万円以上の売上を落とした計算です。キャッシュフローでは、約150万円のマイナス。

この結果を踏まえて、正確な現金残高とキャッシュフローを読むために、あらためて毎月の売上、材料費、人件費、家賃、広告費、消耗品、借入の返済などを確認する作業から始めました。売上は昨対比30%減、50%減、70%減、もし丸々1ヶ月間の休

コロナ前とコロナ後の業績と業績予測

(単位：円)	(月商)	(キャッシュフロー)	(現預金)
2020年2月			25,000,000
2020年3月	9,700,000(前年比80%)	−1,500,000	23,500,000
4月	4,000,000	−3,700,000(予測)	19 ,800,000
5月	4,500,000	−2,500,000(予測)	17,300,000
6月	4,500,000	−2,500,000(予測)	14,800,000
7月	8,400,000	−1,800,000(予測)	13,000,000
8月	9,500,000	−1,200,000(予測)	11,800,000
9月	8,400,000	−1,800,000(予測)	10,000,000
10月	7,000,000	−2,000,000(予測)	8,000,000
11月	7,000,000	−2,000,000(予測)	6,000,000
12月	9,000,000	−1,600,000(予測)	4,400,000

■この表でのキャッシュフローは、月ごとの収入から支出を差し引いて手元に残る資金の流れを示す

業をしたら売上がゼロになることもシミュレーションしました。この作業を行ったのが3月下旬〜4月頭のことです。

2020年2月時点で、会社の現預金相当は約2500万円ありました。2020年3月のキャッシュフローで約150万円、残り2350万円です。4月はさらに悪くなると予想し、キャッシュフローはマイナス370万円、5月・6月はマイナス250万円の見立てで計算していきました。

結果、6月末には約1500万円

まで減ることが予想できました。

私の経営スタンスは、自分がコントロールできる範囲で最善を尽くすことです。この時は、政府の補償がどうなるかまだ議論されていたタイミングで、補償がどうなるかはわかりませんでしたから、政府が助けてくれることを前提に、経営判断することはできませんでした。

7月以降は、売上が70％程度まで回復すると想定して考えました。キャッシュフローは、単月でマイナス１８０万円程になる見込み。7月、8月、9月……と現預金を減らし、そして12月には、会社の現預金は４００万円程度まで落ち込む計算になり、新規の借入も何もしなかった場合、２０２０年内に倒産する可能性が濃厚と判断できました。

従業員の給料だけで、毎月約３５０万～４００万円の支払いをしているので、現預金が４００万円になると、これ以上の事業継続は不可能になります。取引先への影響も考えると**『現金がギリギリになるまで会社を継続することはできない』**というのが、私の大きな軸となりました。

従業員アンケートの実施

3月末、世間では緊急事態宣言を要望する声が高まっていきました。

社内は、日を追うごとにピリピリとした緊張感が高まっていきます。

私は、従業員がこの状況をどのように考えているのかを知りたいと思いました。従業員には仕事を通じて幸せになってもらいたいと思っていたからです。新型コロナウイルスが広まりつつある中で、出勤したくないと思っている人がいるなら、その人にとって働くことは不幸でしかありません。

そこで、4月2日（木）、従業員に出勤に対する意識調査のアンケートを実施することにしました。緊急事態宣言が発令される4月7日（火）の5日前のことです。

アンケートは任意で回答してもらいました。50名弱の従業員のうち25名が回答してくれました。アンケート内容は以下の通りです。

Q 現在のコロナの状況を考えて、ご自身の出勤について当てはまるものをお答えください。

□出勤してもいい
□出勤したくない
□会社の指示に従う
□特に考えていない
□その他

Q 上記を選択した理由を回答してください。

Q 「店が休業」または「出勤しない」ことになった場合に不安に思うこと（自由記入）

Q コロナウイルスについて自由に意見を書いてください。対策のこと、気になること、要望など何でも。

回答は「出勤してもいい」が2割、「出勤したくない」が2割、「会社の指示に従う」「その他」が6割でした。

しかし、理由を見ると、出勤したくない旨の回答をしている従業員が7割でした。

そこには、素直な意見が記されていました。

・マスクしない人が最近目立ってきているから出勤したくありません。

・コロナウイルスに感染しているお客様が来店するのではないかと不安です。もし自分が感染した場合、学校関係の仕事にも携わっているので数百人に迷惑をかける事になるからです。

・生活の為には出勤したいが、色んな人と関わるリスクがある為怖い。

・出勤したい気持ちはありますが、国で学校が休校になり、学校の先生にも、なるべく自粛するようにと言われているので、出勤しないほうがいいのかなとも思ったり、何が最善策なのか自分でも整理がつかない複雑な気持ちです。

この結果を見た私は、従業員が働きたくないと思っているなら、店は休業すべきだと考えました。しかし、生活のために出勤したいと回答している従業員もいるので、給料の保証は必須でした。

就業規則には、会社都合による休業は、給料の6割を支給すると定めていました。満額で給料を支給するには、出勤するしかありません。

それでも、従業員が安心して仕事を休むことが大事と考え、休業時には全額保証することを決めました。仮に、休業手当として給料の6割だけを支給した場合、現実的には、生活が厳しい従業員もいるはずです。せっかく休業して、働かなくても良い環境を作っても、生活費のために感染のリスクを抱えながら別の職場で働くことになっては、本末転倒です。休業する＝給料の全額保証は必須だったのです。

弁護士への相談

この時点ではまだ、会社は倒産させたくありませんでした。自分のプライドや見栄ではなく、従業員と1対1で実施した面談の中で「この店が好きだから働いている」「店の仲間が好き」と言ってくれた人が多かったからです。

しかし、コロナの影響で業績は著しく落ちていましたし、財務的には年内倒産の可能性があることを考えれば、倒産させたくないと言っていられない現実がありました。

この状況を冷静に受け止めると、経営者として考えるべきことは**『会社をどうやって継続させるか』**、そして**『継続できない場合はいかにソフトランディングさせるか』**でした。そこで弁護士に相談することにしました。

私が未知の領域で何かを判断する際には、まずは徹底して情報収集をすることにしています。

いまでこそ、倒産や廃業の話をすることはできますが、この時の私は「倒産」に関する知識は皆無でした。専門家ほどの知識はなくても、誰かにしっかり説明できるレベルまで、知識を高めることを目標としました。

この時の借入残高は、約９０００万円ありました。２０１９年、４月に5店舗目をオープンするために融資を受け、また、２０１９年度末に店舗リニューアルのために投資をしており、この時も銀行から借り入れていました。約９０００万円の借入は、全て代表者保証を付けているため、このまま会社を倒産させれば、代表である私に借金が回ってきます。返せない借金は、自己破産をして債務免除をする選択肢もありましたが、事業で借りたお金は自力で返すつもりでいました。その覚悟を持って

借入残高と選択肢一覧

借入合計9000万円（全額代表者保証）をどうする？

清算型

企業は消滅し、裁判所の監督の下、財産を整理

破産

全ての法人・個人が対象。債権者の同意は不要。破産管財人が債権調査と資産の換価を行い、裁判所の許可をもらって公平に債権者に配当する。デメリットは「破産した」というイメージが残る、破産管財人の報酬が必要になる（＝債権者への配当が減る）など。

清算（特別清算）

対象は株式会社のみ。債権者の同意が必要。会社が選任した清算人（通常は代表取締役が就任）が債権調査および資産の換価を行い、その後債権者と協定案について話し合い、同意を得て支払いを行う。主体的に清算にかかわれるので、これまでの人間関係を壊すことなく、会社をたたむことが可能な場合が多い。デメリットは株式会社以外できない、債権者の同意が必要なため、特別清算を開始する要件が厳しいなど。

再建型

企業の事業存続を前提に、裁判所の監督の下、借金を整理

民事再生

全ての法人・個人が対象。債権者の多数の同意を得た上で、裁判所が認めた「再生計画」を定めることなどにより、債務者と債権者の権利関係を調整しつつ、債務者の事業などの再生を図る。
「再生計画」を実行に移せる可能性が低い場合は、当然ながら、債権者の同意は得られないし、「民事再生をした」というニュースは、社会的な信用を一時的に失う可能性も高い。

会社更生

対象は株式会社のみ。特に債権額や債権者数の多い大企業に適用されることが多く、債権者の利害調整が複雑なため、民事再生に比べてその手続きにより時間がかかり、更生計画に対する基準も厳格である。
また、会社更生が適用された場合、現経営陣は退陣、裁判所から任命された管財人がその経営権を引き継ぐ。

弁護士に相談し、熟考の末に「清算（特別清算）」を選択。詳しくは、必ず弁護士に相談を弁護士に相談したため、その方法論も知りたいと思っていたのです。

一般に、倒産と言われている法的手続きは、「破産」「会社更生」「民事再生」「清算」「特別清算」が主なものですが、破産や清算は、そこで会社組織と債権債務関係（いわゆる借金）を一旦リセット（債務の全部もしくは一部を返済）して、経営者が新たな事業活動を始めることを促すものです。会社更生や民事再生は、企業の事業存続を前提に、裁判所の監督の下、借金を整理しようというものです。

このような知識を弁護士から教わりながら、自分自身もインターネットや書籍で情報収集をしました。また、実際に倒産を経験した経営者の書籍を読むなど、情報収集を進めていきました。

この時は、会社清算をソフトランディングさせるなら『**特別清算**』がいいのではないか、と漠然と考えている程度でした。

全店舗休業

4月1日（水）、仙台市のパブで新型コロナウイルスのクラスターが発生したと発表されました。翌4月2日（木）、仙台市にあった私のカフェでは、売上が前日比50％まで落ち込みました。

外出自粛、営業自粛の雰囲気も高まっていました。消毒用のアルコール、マスクも入手しにくい状況も続き、従業員からの不安の声も増えていきました。

そして、ついにその週末4月4日（土）、5日（日）、店舗の休業を初めて決断しました。仙台の店舗以外も、3月下旬から売上の落ち込みが続き、私自身の精神状態は追い込まれていました。

いつまで続くかわからないコロナの影響、そして、ニュースの世界だけだと思っていた店舗の休業が、自分の店でもせざるを得ない状況になり、私の頭の中は、不安感で埋め尽くされていました。

「このままでは青森の店舗もいずれ休業しなければならなくなる」

そう考えるだけで胸が締め付けられ、耳元に心臓があるかのように、自分の鼓動が聞こえました。

週明けの4月6日（月）、仙台市のカフェにはお客様は5組しか来店せず、売上も1万円台まで落ち込みました。

不安と焦りが入り交じる複雑な気持ちでした。

青森の店舗も、売上は2万円前後にしか届かず、店を営業すればするほど赤字が膨れ上がる状態になりました。

従業員アンケートの結果、7割が働きたくないと思っている状況で、さらに営業しても赤字になるようでは、店を開ける意味はありません。

そして、2020年4月7日（火）、政府は緊急事態宣言を発令しました。

埼玉、千葉、東京、神奈川、大阪、兵庫、福岡の7都府県が対象で、期間は4月7日（火）～5月6日（水）の1カ月間。各都道府県では、住民に対して外出自粛が強く要請されました。

緊急事態宣言が発令された後、青森、仙台どちらも1日の来客組数が10組を切るようになりました。

「従業員も出勤することを望んでいない。お客様も来店しない。店を開けるだけで赤字になる。緊急事態宣言が発令されている間は客足が戻ることは絶望的。そうであれば、店を休業しよう」

4月10日(金)、青森と仙台の2店舗のカフェを、4月11日(土)から5月6日(水)まで休業、残り3店舗も準備が整い次第、休業することを決断しました。

そして4月20日(月)、全店舗休業しました。

従業員には、4月のシフト分の給料を全額保証する約束をして、全員休みに入ってもらいました。

財務分析と今後のビジネスモデル

店舗の休業を決断したタイミングで、すぐさま当月の財務分析を行いました。「飲食店は、毎日売上金が入ってくるため、会社の貯金がどれだけあるのかわかりにくい」のは先述した通りで、いまこの時点で会社のお金がいくらあるのかを知りたかったのです。

経理を担当してくれたパートさんに協力してもらい、各店舗の費用を算出しました。そこには、2人でミッションをこなしているような非日常的な空気感がありました。

算出が終わると、会社の現金は2000万円を切る見立てになりました。ほぼ3月に想定した通りでした。このままいけば、年内に倒産する可能性はかなり高い状況です。

この頃には、「コロナと付き合っていく世界」「コロナが終息した後の世界」という意味で、ウィズコロナ、アフターコロナという言葉が出始めました。

アフターコロナは、ワクチンや治療薬の登場によって訪れる世界のため、1年以上はないだろうと言われていました。そうであれば、いかにコロナと付き合っていくか、ウィズコロナに則したビジネスを考えなければなりませんが、店内飲食はほぼ絶望的な状況です。必然的に業態転換、もしくは店内飲食＋αのビジネスを考えなければなりません。

しかし、現金が2000万円しかない状況では、5店舗の業態転換をするには、資金的に無理がある。そもそも、ウィズコロナの飲食店の正解がわからない中で、業態転換することは、博打に近い経営判断と言えるでしょう。

組織体制にも、問題がありました。私が5店舗の指揮を取る形の文鎮型組織になっていたため、業態転換をするにも、＋αで新規事業を行うにも、全て私が指示命令をしながら進めていく必要があったのです。

仮に、コロナの状況が落ち着き、いよいよこれから売上を伸ばしていくというフェーズに入れば、必然的に5店舗の営業指揮を取りながら、業態転換のプロジェクトや＋αのビジネスも走らせなければなりません。各店舗には店長がいるので、店舗業務はある程度は任せることができたとしても、この前代未聞の緊急事態の中では、経営者自ら現場に入り、生の声を聞きながら判断していくことが必要です。

しかし、私自身は体一つしかないため、このまま進めたとしても心身が耐えきれず、全てが中途半端になってしまうことも考えられました。過去、自分自身が体調不良を経験しているため、自分の許容量をオーバーすることは直感でわかっていました。

時間とお金だけを費やしてしまい、想定していたよりも早い段階で会社の寿命を迎えることも可能性としてありました。そうであれば、融資で資金調達をすることは必須です。

しかし、本来の融資は返済できる見込みがあるから借りるものであり、半年後、1年後のウィズコロナ、アフターコロナに則したビジネスモデルの見立てがないようでは、借りたお金の返済をしていくことは、現実的ではありません。

実態は、赤字を補塡するための借金で、返済が始まれば借金を返すために借金をする可能性すら考えられました。2019年に投資をしたばかりという背景もあって、融資には非常に慎重になっていたのです。

コロナ禍では、業務負荷も増えます。一日に何度も共用部分を消毒する必要がありますし、感染対策に敏感に対応しなければ、お客様からクレームを受けてしまう可能性もあります。このような現場の負荷は、従業員の疲弊につながります。

また、どんなに感染予防に努めても、感染者の来店をゼロにすることは実質不可能で、万が一コロナが発生した場合の経営リスクは計り知れません。

席を間引くことによる収益性の悪化も懸念事項です。ワクチンが開発されるなど根本的な解決策が出てくるまで、席を間引いた営業を続けざるを得ませんし、この距離感がスタンダートになれば、収益設計そのものを変える必要があります。

テイクアウトによる売上の確保も考えられましたが、そもそも店内飲食をメインとした店舗設計であり、テイクアウト店舗と比較すると大きく利便性は落ちます。

また、飲食店は食事とその空間（内装、接客サービス、空気感など）に価値があり、特に私が運営していたカフェは「子連れに優しい」をコンセプトにしていたので、空間の価値のほうが割合を大きく占めていました。必然的に、テイクアウトで売上を確保することは厳しいと判断しました。

私自身がお客様の立場で考えれば、テイクアウト専門店やコンビニ弁当のほうが利便性は高く、こちらを選ぶ頻度が高くなることは容易に想像できました。

通販に活路を見出すことも考えました。店舗が休業に入るタイミングで、大量に在庫がある「オリジナルパンケーキミックス」を販売するために、ネット通販を行いました。外出自粛により、自宅で料理を作る人が増えた背景もあって、スーパーではホットケーキミックスや小麦粉が売り切れていました。

そのような状況もあり、「Twitter上で販売を告知したところ、5時間で約800件のオーダーをいただき、即完売。1000kgの在庫は、瞬く間になくなりました。これだけの注文をもらうと、「通販で乗り切れるんじゃないか」という手応えはありました。

しかし、冷静に考えれば、たまたま需要のある時期に、たまたま世間的に飲食店を応援したい雰囲気があり、たまたまパンケーキミックスを在庫処分価格で販売したことがガッチリはまっただけで、パンケーキミックスの実力だけで売れたわけではないことははっきりしています。

本来であれば、販売に手間をかけ、広告も出稿して、やっと売れる商品。販売に必要な人手やコストを考えれば、飲食店の損失を補填できるほどの収益を求められるかというと、現実的ではありません。

このように、新規事業やパンケーキミックスをネット販売するような＋αの事業を立ち上げるとしても、飲食店を運営していること自体が重荷になってしまっている状況では、飲食店事業から撤退することが正しいと考える結論に至りました。

決断

いま、とるべき選択は二つに一つでした。銀行融資で会社の体力をつけて、コロナ禍をじっと耐えて、ウィズコロナ、アフターコロナに則したビジネスモデルへの転換をやり抜くか、飲食店の将来像が描けないのであれば、現金があるうちに会社を清算するか。心の中では決まりかけていました。

このタイミングで会社を清算すれば、従業員に対して解雇手当をしっかり出した上で会社をたたむことができます。私にとっての最悪のシナリオは、コロナの終息が長引いて、ジリジリと体力が削られていった結果、従業員に給料を払えず、取引先にも迷惑をかけて倒産することでした。

いま、会社をたためば、取引先への迷惑も最小限に抑えることができます。もし、倒産のタイミングを見失って、後に引けないところまでいってしまえば、私の会社の倒産が引き金となって、連鎖倒産を引き起こす可能性もゼロではありません。卸業は取扱高が大きい分、利益がほとんどのっていない利益構造になっています。そのため、貸し倒れが発生すれば金額の大半がそのまま損失になります。それだけはやってはいけないと思っていました。

飲食店として業績を回復する将来像が描けないのであれば、会社を清算するほうが良いと、頭では理解していました。

「いまはまだ現金があり、従業員にも手当を出せて、取引先にも最小限の迷惑で抑えられる。撤退するならこのタイミングしかないのは間違いない。でも……」

数字を見れば「清算」が最良の選択とわかってはいても、感情が許容できませんでした。

2015年4月にカフェを創業してから5年間、走り続けてきました。1店舗、1店舗、気持ちと思いを込めて店を作ってきました。我が子のように心から愛情を注いで育ててきた店舗です。そこで働く従業員の顔、楽しそうに会話をしているお客様、自社の成長を支えてくれた取引先の方々、一人ひとりの顔を思い浮かべると、理屈で店を閉めることはできませんでした。


経営者としての見栄やプライドも邪魔をしていました。

「閉店」はかっこ悪いと思っていました。

「事業に失敗した」というレッテルを貼られるのではないかと他人の目も気になっていました。


なんだか負けたような気がして、プライドが許しませんでした。

私は心の声に耳を傾けました。

「本当はどうしたいのか」

「自分の心の奥底で思っていることは何だろうか」

自分の心との対話。

暗い闇の中で見えた一点の光。

それが「守るべき人を守ろう」という結論でした。


この声が聞こえた時、「全店舗閉店して会社を清算しよう」と決断しました。

第三章

2020年4月〜5月

会社清算開始〜「決断」の反響

従業員には社内のチャットで第一報を送りました。

（※一部編集）

お疲れ様です。

結論から言います。

5／10（日）付けで【全員解雇】することに決めました。

本来対面で伝えるべき内容ですが、急を要する連絡のためここで伝えます。

できる限り皆さんの雇用を続け給料を出すことを検討しましたが、資金的な問題で断念せざるを得ない状況と判断しました。

私の力不足です。申し訳ございません。

解雇する結論に至った経緯をお伝えします。

コロナの終息が全く見えない状況で「資金的に厳しい」の一言しかありません。

■仮に全店舗1ヶ月休業した場合
・全員分の給料 400万円×60%=240万円
・全員分の社会保険料 40万円
・店舗を維持するための費用（家賃などの必ずかかるもの）=全店舗計150万円
合計 430万円

売上ゼロの状態で上記金額を会社として支払わなければなりません。

全く売上ゼロの状態では3ヶ月ギリいけるかどうかというところです。

世の中の情勢を考えると、

・オリンピック中止
・ねぶた中止
の判断がされ、夏まではコロナの影響を引きずることが考えられます。

夏のイベントが中止されると青森の景気回復の目処もありません。仮に早い段階で終息したとしても、あらゆる業界が縮小していく中で、すぐに景気が回復することも考えにくいです。(過去のリーマン・ショックを考えると)

これから夏にかけて倒産、解雇が多くなり、ダラダラと景気が低迷すると予測されます。私の周りの多くの経営者がそのように考えています。

私達がやっている業態はどちらかというと『贅沢な外食』です。

不景気で財布のヒモが固くなっている状態で、売上が当初の水準に戻るにはやはり時間がかかる可能性が高いでしょう。

コロナ以前の売上の80%でも赤字になります。

このような状況を考えると、何とかコロナを乗り切っても、年内には本当に資金がなくなって倒産になる可能性がかなり高いです。

これが現実です。

■もし会社のお金がなくなるとどうなるか？

・皆さんに給料をお支払いすることができないまま解雇せざるを得ない

・取引先には仕入のお金が払えないので、取引先も経営難になる可能性が高い

・原状回復をせず店を閉めることになる

など、多数へ迷惑をかけてしまうことになります。

それだけは避けたいと考えています。

地方では悪い噂はすぐに広まります。

「あの会社は支払いもせずに倒産した。そこの元従業員を雇うわけにはいかない」と皆さんの次の就職も難しくなる可能性もあります。


そうであれば、会社に余力があるうちに会社をたたむ選択肢しかありえませんし、今まで働いてくれた皆さんにお金で裏切ることはしたくありません。

■最後に
本当に苦渋の決断です。

コロナのせいで1ヶ月前とはまるで状況が変わりました。

私自身、今の状況を飲み込めないでいますが、冷静に、会社の数字と今後の経済動向を見据えた上で決断しました。

おそらく皆さんも飲み込めないと思いますが、まずは冷静になるようにお願いします。

世間では色々言われてますが、日本は他の外国にはないくらいサポートがとても手厚い国です。本当に生活に困ったら公的機関が必ず助けてくれます。

長くなりましたが、今後についての第一報として受け取ってください。

質問ありましたらコメントください。


この文章を書いている時は興奮していました。「自分で決断したんだ！　最後までしっかりやるぞ！」と少し前向きな気持ちになっていたので、伝えたいことを走り書きするようにキーボードを叩いていました。

しかし、一通り書き終えてみると、なんとも言えない気持ちが押し寄せてきたのです。

「本当にこれでいいのだろうか……。後悔しないだろうか……」

いままでの会社で起きた出来事の数々がパーッとフラッシュバックし、最後にこの職場が好きだと言ってくれた従業員の笑った顔が思い浮かびました。胸をギュッとつかまれたような息苦しい気持ちになりました。それと同時に「社長に裏切られたと思う従業員もいるのではないだろうか……。みんなどう思うかな……」という不安の気持ちもこみ上げてきたのです。

私は、送信ボタンを押せずにいました。このボタンを押した瞬間、『**会社を清算する**』という事実から後戻りはできません。

創業から約5年半、自分の全てをかけて築いてきたこの会社を終わりにする、それがこの送信ボタンです。

簡単に押せるわけがありません。

何度も、何度も文章を読み返しました。

しかし、読めば読むほどに頭の中は混乱していきました。会社を清算する判断は正しいと思う自分と、これまで築いてきた会社を終わりにしてしまっていいのかと思う自分が、対立していました。

自分を落ち着かせるために、妻にも読んでもらいました。

「いいと思うよ。本当のことだし、こういうのは正直に言ったほうがいいから」

その言葉に心が落ち着きました。

最後は「自分で決めたことじゃないか！　逃げるな！　しっかり向き合え！」という心の声が聞こえてきました。

「そうだよね。いろいろ考えた結果、会社を清算するって決めたんだよね。いまになって迷う話じゃない」

そして、私は送信ボタンを押しました。

全員解雇。従業員の反応

従業員からの反応は、予想外のものでした。

CAFE 202青森店　Mさん
私は、師匠（私のこと）の今回のご決断に心から感謝しております。
従業員の事を一番に考えて下さった結果だと捉えております。
カフェ202の従業員として働く事が出来た事を誇りに思います。
健康に気をつけて、また花を咲かせて下さい。

CAFE 202さくら野弘前店　Kさん
このまま続けてももっと師匠の首がしまるだけで、しかも従業員のリスクがもっと高まるだけですし、みんなの事を考えてくださった事感謝しております。

健康で生きてさえいたら、またなんとかやって行けるって思って頑張ります！
また店開く時があったら声かけてください！

トンテキとハンバーグ202　Sさん

私は、きっと従業員から、厳しい意見が上がってくると思っていました。

「ふざけるな！」

「この先どうしてくれるんだ！」

そんな声が上がってくるんじゃないかと覚悟していました。でも、チャットで返信をくれた従業員は、私の判断を前向きに捉えてくれたのです。

解雇を言い渡され、これからの生活が大変になるはずの従業員から「この決断に感謝している」と言われるなんて。自分の心配もあるはずなのに、私のことを気にかけてくれるなんて……。正直、かなり驚きました。

心の中で張り詰めていた緊張感が一気に解け、パソコンの前で崩れ落ちました。

リーダーは、カッコよくあるべきだとずっと思っていました。誰よりも努力をして、誰よりも前を走り続け、その姿を見て、部下は付いてきてくれるものだと思っていました。

私自身がそうありたいと思っていました。

でも、実際は自分を取り繕うことなく、自分の弱さ・至らなさを見せ、正直にメッセージを発信すれば、従業員も理解してくれるということを学びました。決して強いリーダーだけがリーダーじゃないということを、従業員が教えてくれました。

それでも、不安はありました。声を上げていない従業員のほうが多かったので、内心不満に思っている人のほうが多いのではないだろうか……。

私の心のモヤモヤは少し晴れただけで、従業員にどんな顔で会おうか、直接会った時に何か言われるんじゃないか、その不安は拭えませんでした。

商業施設への解約申し入れ

会社を清算すると決断してから真っ先に取り掛かったことは、賃貸契約をしている大家さんと商業施設への退店申し込みでした。大半が契約解除の申し入れから3〜6ヶ月後の解約となるため、出費を抑えるためにも、一日も早く申し入れをする必要がありました。

また、飲食店は退店する時にも大きな費用がかかるため、実際にどれだけの費用が必要になるかの確認も早めにしたかったのです。

飲食店の退店費用は大きく2つあります。

1つは、契約期間に対する違約金です。

路面店に出店する場合は、一般的に3〜6ヶ月前の告知で解約することができます。しかし、商業施設内に出店する場合、予め定めた契約期間を満了せずに解約すると、その経過年数により違約金が発生するような内容になっています。

今回は、7年契約のうち2年しか経過していない店舗もあったために、違約金が数百万円になることがわかっていました。

2つ目は、原状回復費用です。内装をそのまま引き継ぐ形の居抜き物件を契約していない限りは、店舗の内装設備が全くないスケルトンに戻してから明け渡さなければなりません。

私が経営していた店舗の面積を全て合わせれば、100坪以上あります。そのため、全てスケルトンに戻すとしたら、数百万円かかってしまう可能性がありました。


5店舗のうち2店舗は路面店、3店舗は商業施設内にありました。路面店は、解約申し入れから3ヶ月後に解約になる契約になっていたため、費用は最大でも家賃3ヶ月×2店舗分、原状回復にかかる費用は100万円程度の見込みでした。

路面店については、解約申し入れは、仲介してくれた不動産屋2社に連絡しました。2社とも私の状況を考慮してくださり、大家さんと最大限調整してくれました。結果、いずれも契約時に最初に払い込んだ敷金を相殺する形で追加費用は不要にしてくれた

飲食店の主な退店費用とイロモアの試算

退店費用

違約金（中途解約による違約金）		
路面店 3〜6ヶ月前の告知で違約金は発生しない	→	1店舗 30万円×2店舗 ※3ヶ月分家賃 ↓ **合計 60万円**
商業施設 告知の時期にかかわらず、契約期間によって違約金が発生する	→	2店舗、賃料・合計 275万円 2店舗、中途解約金・合計 338万円 ※6ヶ月分家賃 ↓ **合計 613万円**

原状回復費（内装を借りた時の状態に戻す）		
居抜き物件 必要最低限の片付けでOK	→	1店舗あたり25万円 ×2店舗 備品撤去、産廃費用として ↓ **合計 50万円**
それ以外 スケルトンに戻す必要あり	→	3店舗　合計約120坪　解体単価（1坪） 5万円 ↓ 合計600万円 ※ただし、1店舗はスケルトンに戻さなくても良い可能性が高かったため、実質300万円程度と試算。 ↓ **合計300万円**

イロモアの退店費用の試算合計　1023万円

飲食店経営において「家賃」が支出に占める割合は大きい。退店にも大きな費用がかかるのです。

ただ、2店舗とも大家さんからは「できれば契約を続けて欲しい。しばらく家賃はいらないから続けてもらえないか?」と打診がありました。

正直、この話を聞いた時は心が苦しくなりました。このタイミングで退去したら、このご時世では、次に入居してくれる人はなかなか見つかりません。最大限の迷惑をかけないために会社を清算する選択だったのですが、大家さんには申し訳ない気持ちを伝えることしかできませんでした。


路面店の1店舗は、同じ建物に大家さんが住む「住宅+店舗」の物件でした。

お店をオープンした時、大家さんのおばあちゃんとはよく会話をしていました。

従業員に店舗を任せてからも、従業員がおばあちゃんとコミュニケーションを取ってくれたおかげで、解約の申し入れをした時には「いままで楽しく話をしてくれてありがとう」と感謝の言葉をもらいました。

「お店の賑わいが好きだったから、なくなるのは寂しいね」

最後にそう言われた時は、本当に胸が詰まりました。おばあちゃんは店舗前の掃除や共用部分の手入れを毎日欠かさずやっていました。それだけ、お店を大事に思ってくれたのだと思います。高齢のおばあちゃんだっただけに、生きがいを奪ってしまったような複雑な気持ちをいまでも思い出します。

問題は商業施設の解約でした。

3店舗のうち1店舗は、契約期間の関係で違約金が発生しませんでしたが、残りの2店舗は契約期間がまだまだ残っていました。

このまま解約を申し入れた場合、違約金だけで2店舗合わせて600万円程度、さらに原状回復費用も含めれば、総額900万～1000万円ほどの費用がかかる見込みでした。このまま全額負担すれば、最終的にほとんどお金が残らないまま会社を解散することになります。

私は、素直に全額負担することは厳しいこと、解約の方法について調整ができないか、営業の担当者に申し入れをしました。

すると、その担当者は私の主張を理解してくださっただけでなく、「これからもっと大変になるだろうから、最大限できることをやりますよ」とさえ言ってくれたのです。

どちらの営業担当者も会社に対して交渉してくださり、結果として、違約金は敷金での相殺、看板取り外しや撤去費用の実費負担のみ、原状回復は不要で解約の合意をしてくれました。

心が震えるとはまさにこのことです。

いままでビジネスパートナーだったとはいえ、これから退去する人に対して、最大限の対応をしてくださったのです。さくら野百貨店もBRANCH仙台を運営する大和リースも、新型コロナウイルスの影響をかなり受けていました。私が逆の立場だったら同じことができるかどうか。自分が厳しい状況であれば、退去する人に対して、回収できるものは回収しようとするのではないかと思います。

最後、店を明け渡す時には、どちらの営業の方も「また出店の機会があったらよろしくお願いします」とも言ってくれました。

このご恩は一生忘れません。

いま、あらためて思い出してみると、出店先と良好な関係を築いておいて良かったことは明らかです。

仮に、出店者として横柄な態度で接していれば、解約の申し入れも厳しい結果になっていたでしょう。誰しも業績が良い時は退店することなど考えないものです。しかし、どのようなビジネスも浮き沈みがあり、大変な時ほどお互いに支え合っていかなければならないと思います。常に退店することを考えておくべきとは思いませんが、取引先には誠実に向き合うことが大切だと感じています。
何より、普段から従業員が商業施設側と良好な関係を築いてくれたおかげであり、あらためて従業員には感謝の気持ちがこみ上げてきます。

債務を免除する方法は自己破産だけではない

『守るべきものを守るために会社を清算する』

そう決断して行動してきたものの、現実問題として残る借金をどうするか。これが問題でした。

会社の借金には、代表者保証を付けていたため、会社がなくなれば代表者である私自身が借金を背負うことになります。

店舗の閉店を決めた時点では、9000万円の負債が残っていました。決断した時は、もう一度起業して返していくつもりでいました。

とはいえ、閉店に向けて動きながらも、頭の片隅には常に借金の心配がありました。仮に9000万円の借金が残れば、平均的な所得では返済も難しく、家族にも迷惑をかけることになります。返済していく覚悟はあったものの、気持ちの面では引っかかりはありました。

友人の経営者に話をしたら「ちょっと良いマンションを買ったくらいだな！（笑）」なんて軽々しく言われましたが、当時は、店舗の閉店を進めながらのことだったため、とてもそんなふうに楽観的に考えられるような精神的余裕はありませんでした。

弁護士の先生とは、電話やメールで店舗の閉店状況を伝えながら、定期的に情報交換をしていました。出店先との調整が見えてくると、会社に残る現金も見えてきます。

それによると、1000万円超の現金が残る見込みでした。弁護士の先生からは、負債に対して5%以上も現金を残せるのであれば、代表者保証の解除も可能である「経営者保証に関するガイドライン」(120ページ参照)があることを聞きました。

「債務を免除できるなんて、そんな都合の良い話はあるんですか⁉」

初めて聞いた時は半信半疑でした。債務を免除する方法は、自己破産しか知らなかったからです。

自己破産の場合、債務を免除できる一方で、信用情報機関に5~10年間、自己破産したことが記録されます。事業用の借金ができなくなるのはもちろんのこと、個人のクレジットカードの審査も通りませんし、ローンも組めなくなります。身近なものでは、携帯電話の割賦購入もできなくなるため、日常生活が不便になると考えられました。

また、「自己破産した」という事実は一生ついてまわるため、経営者として信用を取り戻すことが大変だという話も聞いていました。

そのため、私の中では「自己破産」という選択肢はありませんでした。

そんな中、初めて知ったのが「経営者保証に関するガイドライン」という施策です。

このガイドラインの適用には、一定の条件はあるものの、信用情報に一切記録されることなく、経営者の債務免除（代表者保証の解除）を行うものです。金融庁が各金融機関に対して、積極的に活用を促しているガイドラインでもあり、負債を残して会社を清算する場合は、まずはこのガイドラインに沿って行うことが筋であると理解しました。

〈経営者保証に関するガイドラインとは〉
中小企業の経営者による個人保証には、資金調達の円滑化に寄与する面がある一方、経営者による思い切った事業展開や、保証後において経営が窮境に陥った場合における早期の事業再生を阻害する要因となっている等、中小企業の活力を阻害する面もあり、個人保証の契約時および保証債務の整理時等において様々な課題が存在しております。この「経営者保証に関するガイドライン」は、それらの課題に対する解決策の方向性を取りまとめたものです。

〈ガイドラインの対象者〉

・主債務者が中小企業である。

・保証人が個人であり、主債務者である中小企業の経営者等である。

・主債務者である中小企業と保証人であるその経営者等が、弁済に誠実で、債権者の請求に応じて負債の状況を含む財産状況等を適切に開示していること。

・主債務者と保証人が反社会勢力でなく、そのおそれもないこと。

〈ガイドラインでできること〉

一定の経営状況をクリアすれば、経営者保証の解除や保証債務履行時に必要な生計費や自宅を手元に残せる可能性があります。

【新規借入時・既存保証契約見直し時】

・経営者保証なしで新規融資を受けることができる可能性がありま

す。

・経営者保証の解除ができる可能性があります。

【新規借入時・既存保証契約見直し時】

・必要な生計費や自宅を手元に残せる可能性があります。

・引き続き経営に携わったり、再起を図れる可能性があります。

(引用：「あなたの挑戦を後押しする経営者保証に関するガイドライン」／経営者保証に関するガイドライン事務局)

経営者としての意地の部分では、「借りたお金は返すべきだ！」と思っていました。しかし、再度一から事業を立ち上げて、これだけの金額を返すことは、そう簡単ではありません。

どんなに新型コロナウイルスの影響で会社を清算したと言っても、『**倒産した社長**』

であることに変わりはなく、再度事業を行う場合に、銀行が融資を実行してくれる可能性はゼロに等しい。

そうであれば、国が促進している「経営者保証に関するガイドライン」を適用して、債務を免除した状態で再起するほうが良いはず。

とはいえ、これまで私を信用して融資を実行してくれた銀行、とりわけ担当者の方を裏切ってしまう形になるのは、心苦しくもありました。

最後は、冷静に自分が置かれている状況を考え、「経営者保証に関するガイドライン」を適用する方向で会社の清算を進めることに決めました。

4月下旬、地方銀行2行、日本政策金融公庫には、会社を清算することを伝えました。

銀行とは、新型コロナウイルスの影響が出始めた頃からコミュニケーションをとっていて、返済延期や追加融資の話もいただいていました。

私にとって銀行は、お金を借りるための機関というだけではなく、私のことを信用して応援してくれるパートナーだと思っていました。応援の形が融資だったのだと。

ですから、従業員に解雇通知を出す時と同じくらい、銀行に連絡を入れる時も、感情は揺れました。

1店舗目のカフェの改装費用を借りるために、事業計画書を握り締めて、初めて銀行に行った時のことを思い出しました。

私の事業展開のために、融資を通してくれた担当の方の顔が何度も頭に浮かびました。

新店舗出店の度に事業計画を説明して、面談を重ねて店舗展開をしてきた時のことが、つい先日のように思い出されました。

『追加融資』と『M&A』は選択できなかった

銀行への電話の後、日をあらためて面会をしました。銀行からは、「融資でつなぐことはできないか」「M&Aで何とかならないか」など、事業を継続できる方法について話がありました。

私が清算を決断した理由は、新型コロナウイルスの終息が全く見えず、いつ業績が回復するのか先行きが不透明だったこと、今後起きうる不況の中で、私が運営していた飲食店は非常に不利なものであること、そして、現在の業態を転換したり＋αで事業をやるには、組織的にも厳しい状況だと判断したからでした。

代表である私自身が会社のビジョンを描けていない状況であれば、追加融資で資金調達をしても、**『いずれ倒産する会社の延命措置』**に過ぎません。返せない借金が増えるだけで、さらに銀行に迷惑をかけてしまう可能性があると考えていました。

M&Aは、コロナの影響が出始めた初期の頃は、選択肢の一つとして考えていました。資金力のある会社が私に代わって店舗を運営することができれば、従業員の雇用を守れますし、店も残せるので、お客様にとっても良いと考えたからです。

それに、各店舗が自立して運営できていたので、事業を譲渡しやすい体制にもなっていました。

しかし、買い手となる譲渡先はそう簡単に見つかりません。
私が事業を譲渡したいと思っていることのタイミングで、
・たまたま事業を拡大したい企業がいること
・数ある事業の中で飲食業を探していること
・業態がカフェであること
・5店舗程度の規模で運営していること
・東北地方（青森）で探していること
一般的には、これらの条件が当てはまって初めて、顔合わせできます。お見合いのようなものです。顔合わせをした後は、お互いのことを慎重に調査した上で、条件面などをすり合わせ、ようやく売買が成立します。マッチングするだけでも時間がかかる上に、調査にも時間がかかる。すんなり決まることもありますが、数年買い手を探しても、マッチングすらしないこともあれば、マッチングしても、調査の段階で破談になることも多々あります。

そもそも、東北地方ではM＆Aの件数自体が少なく、飲食店であればさらに数も限られている状況でした。

また、コロナ禍においては飲食店を売却する企業も増えてくるでしょうし、買い手側も保守的になります。そのため、**総合的に考えるとM&Aの成立は極めて難しい**と判断せざるを得ませんでした。

このように会社が置かれている状況、これから考えられることをお話しし、銀行には納得いただく形で特別清算に向けて進めていくことになりました。

その瞬間、心の中にずっとかかっていたモヤモヤした感覚がスッと晴れ、一本の道が見えたような気持ちになりました。

すぐに債務免除が確定するわけではありませんが、これからどうやって生活していくか、妻と子ども2人をどう養っていくか、その上でどうやって借金を返していくのか。そんな見えない不安感に押し潰されそうになっていたため、こうして一本の道が見えただけでも大きな救いであり、希望でした。

後にｎｏｔｅを投稿するきっかけになったのも、この不安感から抜け出すことができたからです。

「きっとこれから倒産する会社が増えるだろう。私と同じように、先が見えない不安感に押しつぶされてしまう人もいるかもしれない。私は幸いにも周りの人に支えられて、抜け出すことができた。自分の経験を発信することで、倒産に悩む経営者に少しでも勇気を与えたい」

このような気持ちになっていきました。

店舗の片付け

店舗が休業に入ってから、従業員には給料を全額保証した上で休んでもらっていました。いずれにせよ、店舗の片付けはしなければならないので、「片付けをすることになるからその時だけ手伝って欲しい」とだけ伝えていました。

従業員のみんなは、本当はどう思っているのだろうか？　家族には休業のことをどんな風に話したんだろう？　私のことを恨んでる人も多いのかな……。解雇通知を出してから顔を合わせていない人もいたため、不安は募っていきました。

4月下旬、銀行に会社の清算を伝えてから店舗の片付けに取り掛かりました。

この時の私自身は、新型コロナウイルスの影響による経営悪化、そして会社を清算する決断の苦悩を乗り越えた後だったため、気持ちはかなりスッキリしていました。一方で、従業員に対しては依然として不安な気持ちがありました。

店舗の片付けは、まずは店舗ごとに食器や調理器具、備品類を整理してもらい、日にちを決めて本社である「CAFE 202 青森店」に集約する段取りにしました。仙台の店舗は物理的に物を集めることが難しいため、ある程度片付けをしてもらったら、業者に廃棄してもらうことにしました。

社内チャットで段取りを共有すると、店の片付けは従業員が協力し合って進めてくれました。

「片付けに行くよ！」

「ダンボール持っていくね！」

「ガムテープ買っていくね！」

率先して片付けに参加してくれる従業員たちのやりとりに、私は救われ、ほんの少しだけ自分の中の不安がなくなりました。

思い返せば、全社員が一同に何かに取り組むことは初めてでした。日々の営業はシフト勤務なので、全員が集まることはなく、これまで店舗単位でのミーティングや新しいメニューの勉強会をすることはあったものの、会社全体で何か一つのことに取り組む機会はありませんでした。

2020年4月30日（木）、片付けの当日は大半の従業員が集まってくれました。正直、集まってくれるか本当に不安でした。職場がなくなったことへの不安や怒り、悲しみ、いろいろな感情があったはずで、「今更手伝うものか！」と思っている人が多いのではないか。そう考えていたし、信用も失ったと思っていたので、自信がありませんでした。

それに、普段の仕事では、雇う側と雇われる側の関係です。心のどこかでは、給料が発生するから働いてくれていたと思う部分もありました。片付けに来なくても、給料の保証はしていたので、従業員にとっては、片付けに行かなくても何ら問題はありません。

その不安がウソのように従業員が集まってくれました。

男手が必要だろうと家族を連れてきてくれた従業員もいました。

心の底からホッとしましたし、何より嬉しかった。彼女らには、感謝してもしきれません。

事務の加藤さんの活躍

店舗が休業している間も、事務の加藤さん（仮名）は出社して、事務仕事を続けてくれました。店舗スタッフの給与計算、経理、書類整理など、私が会社の清算で走り回っている間、細々したところをカバーしてくれていたのです。

会社の財務状況が早い段階で明確になったのも、加藤さんの活躍があったからで、加藤さんがいたからこそいまがあります。

加藤さんは元々「CAFE 202青森店」のスタッフでした。それまでは妻が事務仕事もやってくれていたのですが、店舗が増え始めると、マネージャー的なポジションも兼務していた妻一人では回らなくなっていきました。

その時に手伝ってくれたのが加藤さんです。

仕事がとても丁寧で、何事もきっちりやってくれる方だったので、従業員の管理や経理など、お金を扱うことに向いていると感じていました。

それから、妻が体調不良で現場を離れ、加藤さんが事務の全てを担うようになってから、さらにその強みが発揮されていきました。

毎月、店舗から日次のレジ締め表、クレジット利用明細の控え、取引先からの納品書など、あらゆる書類が送られてきます。私はそのような書類仕事が大の苦手でしたが、加藤さんは店舗も自分も仕事がしやすいようにルールを作り、現状を少しずつ改善しながら、月次業務の基礎を作ってくれました。

加藤さんとは、当初からリモートで指示するようなやり方だったのですが、日報も細かく、欠かさず送ってくれたため、手に取るように仕事が見えていました。会社の気になるところ、従業員からの要望、時にはトラブルの種を見つけては、私に報告してくれていました。

いま思えば、加藤さんが会社を支えていたと断言できるくらいに、見えないところで仕事をがんばってくれて、店舗スタッフも自分の業務に集中できていたのだと思います。

そんな加藤さんは本当に最後の最後まで、集中力を切らすことなく、会社の事務仕事をしてくれました。

「ちょっと頼りすぎてしまったな……」と自分でも反省するくらいでしたが、店舗スタッフが休んでいる間も働いてくれたことに、あらためて感謝しています。

noteの投稿

2020年5月7日（木）に、店舗のSNSとホームページで閉店を公表して、翌日5月8日（金）にnoteを投稿しました。

（※一部編集）

こんにちは。東北地方でカフェなど飲食店を数店舗展開する株式会社イロモアの代表をしている福井寿和（@aomorio）と申します。社名の「イロモア」はAOMORIを反対から読んで付けました。

初noteです。

この度、新型コロナウイルスの影響により、将来的に会社の経営が立ち行かなくなると判断し、弊社が運営する飲食店を全て閉店して、会社も清算することに決めました。

休業ではなく閉店です。会社も清算します。

弊社が拠点を置く青森県では、GW明け5月7日（木）から休業要請が解除されました。とは言え、状況が急に変わるわけもなく、依然としてソーシャルディスタンスを求められます。根本的にコロナのリスクがなくなったわけでもありません。

今後の経済についてをどう考えるべきか。

どちらかというと、コロナを悲観して考え、自分たちがコントロールできる範囲で、会社の数字を現実的に突き詰めて考える必要があると考えました。

結論、弊社が運営する飲食店の業態と会社の財務状況では、仮に3ヶ月以内に売上が70％程度に回復したとしても年内倒産が濃厚です。

融資や助成金で当面のキャッシュを確保することも可能でしたが（実際に政策金融公庫から提案もありました）、返済が始まった後のキャッシュフローをどうするのか？　ウィズコロナ・アフターコロナに則した収益モデルへの転換、そのための資金と労力なども考えると来年以降も非常に厳しい状況が続くと考えました。

・座席の間隔を開けて店を営業して採算はとれるのか
・一日に何度も共有部分を消毒する労力とコスト
・万が一コロナが発生した場合の経営リスク
・お客様からの指摘、クレームによる現場の疲弊

など、コロナ以前の飲食店運営とは明らかに状況が変わることは容易に想像できます。

他にもいろいろありますが、諸々の条件を総合して考えると、私

の中では飲食店＋αで復活する将来像が描けず、新規事業をやるには飲食店を運営している事が重荷になってしまう、という結論に至りました。

もう少し続けることも可能なのでは？　と考える方もいると思います。

小さな飲食店ながらも多くのファンの方がいてくれて、インスタに投稿した閉店のお知らせにはたくさんのコメントをいただきました。

・もうテイクアウトなども終わりということですか…残念です…
・悲しい気持ちとともに、どうしたら再開できるんだろう…何かできることはないのだろうか…
・子連れで気兼ねなく行けるカフェが仙台に出来て、本当に本当に嬉しかったのですが、ショックです…（T_T）。コロナの事憎いです（T_T）何か出来ることはありませんか？

などなど。

このようなコメントをいただくと、お客様の期待に応えられなかったことには本当に悔いが残ります。テイクアウトやネット通販を強化してもう少しできることもあったのでは？　と思わないわけではありません。

しかし、コロナの傷が浅いからこそ早期の事業整理を決断しました。

今はまだ取引先へのご迷惑も最小限に抑えることができます。従業員にもしっかり手当を出せます。会社の状況を考えれば、守るべき人たちを最低限守れるのは今のタイミングしかないと考えました。

「食べ納めしたかった」「コロナが終わったら行きたかった」と

言ってくれたお客様には本当に申し訳なく思います。
世間では政府の対応が遅すぎること、休業に対して補償内容がパッとしないことなど様々な批判が飛び交っています。多少思うところはあっても、私自身は行政に対して恨むようなことはありません。

このような結果になったのは、全て経営者としての私の力不足です。

コロナを乗り越えてより強くなる経営者もたくさんいます。私の周りでは今だからできることをチャレンジし続けている人たちでいっぱいです。私は乗り越えられないと判断して廃業を選びました。
Facebookでは私の決断を応援してくださるコメントをたくさんいただきました。

・めちゃくちゃ英断だね！　すごく尊敬します！

・損切り大事👍
・私も常々、引き際が大事だと感じてました。福井さんの引き際は見事です、このような決断に至るまでの苦悩をお察しします。新たなステージで活躍できるよう応援いたします！

このように言っていただけると、本当に周りに支えられてやってこれたんだな…と思い、感謝の気持ちが込み上げてきます。

それと、私の決断が正当化されるような気がして気持ちが落ち着く一方で、コロナに負けてしまった感も強く感じるようになりました。

この決断が良かったかどうかは今はまだわかりません。
半年後、1年後、もしかしたら数年後に「あの時決断してよかった」と思うのかもしれません。おそらく、これからどのような行動をしていくかで、この決断が正しいものに変わっていくのだと思います。

私の事業を期待してくださった方、応援してくださった方には本当に申し訳ないと思っています。


先日パンケーキミックスの販売もやってみて、何とか生き抜く道を見出そうと思いました。

それでも飲食店を経営していることが今はあまりにも重すぎます。ほんと力不足で申し訳ありません。


〝形〟としては店も会社もなくなりますが、私自身は人生を悲観しているわけではありません。むしろこれからは全くの無になるので、どのような形で社会に貢献していくか前向きな気持ちもあり、少しずつですが次に向けてのワクワクも芽生えてきています。

もし店を閉めたくても閉められずに困ってる人がいたら、今回の私の経験はお伝えできるのでご連絡いただければと思います。

Twitter、Facebook やってます。ご連絡ください。
Twitter：https://twitter.com/aomorio
Facebook：https://www.facebook.com/toshikazu.fukui

最後に、
「これからどうするの？」とよく聞かれます。
正直に言います。

何も決まっていません。

数日後にはただの無職です。
妻、息子（3歳）、娘（1歳）、3人のにぎやかな家族がいます。
この投稿が現実になりそうです…（笑）

【2020年2月29日のTwitterへの投稿】

会社を経営してる人が、今めちゃくちゃ不安になってるのは『コロナの影響による売上減』だと思う。

でも大丈夫や！

倒産しても日本では死なない。従業員は国が守るし、経営者は借金が無くなる法律もある。金はまた稼げばいい。

ワイは吉野家のバイトから始めるで。いや、すき家かな。選び放題や。

お父さんがんばります。

追伸‥

店を廃業したり、会社をたたんだりする人はそれなりにいると思いますが、ほとんど表に出てきません。私も穴があったら入りたい

ですし（苦笑）

でもこういう時だからこそ、実際に廃業してる人間に価値があると思います。

廃業しても元気に前向きに生きていることを伝えていくのが使命なのかなと。

今後はお店を廃業したらどうなるのか？　会社をたたんだら？　そんな話をｎｏｔｅに書いていきたいと思います。

応援よろしくお願いしますm(_ _)m

投稿の背景にはこのような思いがありました。

「新型コロナウイルスの影響で、多くの経営者が苦しんでいるはずだ。このような状況では、必ずしも事業を続けることが正解とは限らない。経営が立ち行かなくなるとわかっているなら、私のように会社経営を辞める選択肢もある。中には、経営に行き詰まり、一人で悩んで自死を選んでしまう人もいる。自分も悩んで精神的に苦しい思いをしたからこそ、そうなってしまう人たちの気持ちはわかる。そこまで苦しい思いをしてほしくはない。だからこそ、実際に会社を清算する人がここにいることを伝えたい。そして、こうして倒産を経験する人が、前向きに次に向かってチャレンジしていく過程を発信することで、会社をたたんで人生が終わりではない、いくらでもチャレンジできるんだということを伝えていきたい」

このｎｏｔｅは2日間で１４０万ＰＶを記録するほどの反響で、Twitterではトレンドにもなりました。同じ経営者からの共感のメッセージや、飲食店やサービス業に従事する人たちからの温かいコメント、私の決断に対する賞賛のコメントで溢れました。

中には、「自分の店も厳しい状況だ」「私も廃業を考えている」というリアルな声も届きました。逆に、「私もがんばろうと思う！」「雇われの身だけど、もっと経営が楽になるように社長を支えたい！」という前向きなコメントも多くありました。

これほどまで影響力を持つとは思わなかったものの、多くの人の目に止まり、多くの人に勇気を与えることができたのであれば、このｎｏｔｅを投稿した意味があったと思います。

従業員の解雇

ｎｏｔｅを公開してから2日後、２０２０年5月10日（日）、全従業員が解雇になる日でした。

私は最後のメッセージを社内チャットで全員に送りました。

お疲れ様です。

本日付けで『全員解雇』となります。

みなさん、最後まで手伝っていただきありがとうございました！

それとプレゼント、寄せ書きもありがとうございます。すごく嬉しかったです！

いろいろありましたが、振り返れば良い思い出です。みなさんと一緒に働くことができて本当に良かったと思います。

これから経済不況が本格的にくると思います。外出自粛により飲食・観光が落ち込み、それらを支えていた業界にも波及していくでしょう。今日外出したら人がいっぱいいて「あれ！　コロナ終わった!?笑」と思いました。でも日本全体で約2ヶ月経済が落ち込み、首都圏はいまだに自粛、世界的にも経済が落ち込んだので、それが一瞬で終わるとは考えにくいです。

ただ、不況があれば必ず好況もあります。「あの時のコロナやばかったねー」と笑い話ができるように、明るい未来を考え、一生懸命生きていきましょう。
これで店も会社もなくなりますが、生きていれば皆さんとはどこかでつながることもあると思います。職場の関係はなくなっても、みなさんは普段から助け合って働いてくれていたので、今後も大変なことがあったらお互いに助け合ってもらえたら私も嬉しいです。困ってる時は誰かに助けを求める！　みなさんから学んだことでもあります。
簡単ですが、この会社で働いてくれて本当にありがとうございました。感謝しています。

従業員からもメッセージをもらいました。

CAFE 202さくら野弘前店　田中さん（仮名）
弘前店で働けたことがかけがえのない財産です。みんなに出会えたことがほんとによかったです。

短い間でしたがありがとうございました。

これからもCAFE 202で得た経験をどこかで使えたらいいと思ってます。

Twitterでバズっていたのをみて、改めてこういうオーナーには二度と出会えないと思いました（笑）。

ぜひ有名になって頂きたいです。

肉バル529　高橋さん（仮名）

肉バルで3年間、オーナーのもとでアルバイトできて本当に本当に楽しかったです！

お客様とオーナーにご迷惑をおかけした場面もありましたが、あのお酒を間違って提供してしまった事件の時はオーナーが上司で、社長で本当に良かった、と泣きました。

大学卒業まで肉バルで働こうと考えていたのでこんな形で最後になるとは思っていませんでした。3年間で人生の中で忘れられないような経験もたくさんでき、素敵な人たちと働くことができたのはオーナーやさおりさん（妻のこと）が全員に目を向けて良い方向へと導いてくださったからだと思っています。
今後オーナーがすごいことしてるのを楽しみにしています！
肉バルで働けたことが大学生活で一番の思い出です！
本当にありがとうございました！

最後に従業員からこのようなメッセージをもらうことができて、「少しは良い経営者ができたのかな……」と思う気持ちにはなりました。
しかし、悔いが全くないかと言うとそんなことはありません。**『従業員には仕事を通して幸せになってもらいたい。そのための舞台が会社だ』**と思っていただけに、「大学卒業まで肉バルで働こうと考えていた」というメッセージを見た時は、本当に悔しい気持ちになりました。もしこのまま店を続けて、彼女の卒業を見届けることができたらどんなにうれしいかっただろうかと、考えずにはいられません。

片付け後の「CAFE 202 青森店」。イロモアがスタートした地を最後に片付けた

第四章

2020年5月以降

全店舗閉店後〜
これからの挑戦

メディアへの露出

『全店舗閉店して会社を清算することに決めました』（note）は、マスコミ各社の目にも止まりました。まさに、新型コロナウイルスによる倒産がこれから増え始めると考えられていたタイミングだったため、テレビ局、新聞社、雑誌出版社など、地元青森県内だけではなく、全国区のメディアから多数の取材依頼がありました。

特に青森県内では、初の新型コロナウイルス関連倒産だったため、地元テレビ局は報道でも取り上げていました。

メディアからの取材依頼を断る理由はありませんでした。noteを書く時に土台となっていた考えが**『倒産真っ只中の人がここいることを伝えたい』『必ずしも事業を続けることが正解ではないと伝えたい』**この2つです。

広く自分のことを知ってもらえるのであれば、手段は問いませんでした。むしろメディアには積極的に露出して、とにかく多くの人に私の存在を知ってもらいたいとすら思っていました。

ただ、初めはマスコミのネガティブなニュースの報道・番組の作り方に良いイメージを持っておらず、最初の取材を受けるまでは相当悩みました。

とりわけ、青森県内初の新型コロナウイルス関連倒産だったので、県内企業や飲食店に対する風評被害にならないか、コロナで倒産した悲劇の社長に仕立てあげられるのではないか、政府批判のネタにされるのではないか。そんな不安もありました。

しかし、実際に取材を受けてみると、全く違っていたのです。

取材してくれた方々との電話やメールでのやりとり、撮影前の事前打ち合わせ、取材当日にも対話を重ね、しっかりと私の意向を汲み取ってくれたのです。放送された内容、新聞や雑誌の紙面には、私が考えていることそのものを、伝わりやすい形にして届けてくれました。


日本では毎日たくさんの会社が倒産、廃業しています。民間の調査会社によると、2019年の国内の倒産件数（負債総額1000万円以上）は8383件です。単純計算で毎日20件以上の会社が倒産していることになります。

しかし、実際に倒産や廃業をした人の話を聞く機会はあまりありません。

その理由は様々あると思いますが、まず、会社を倒産させたこと自体は、表立って言うことではありません。中には、公で言えないような倒産をしてしまい、交友関係も断ち、知らない土地で新しい生活を始めて、倒産そのものがなかったことのようにしてしまう人さえいます。知人の経営者もいつの間にか会社が倒産して、気付いた頃には連絡を全く取れなくなっていました。


そのようなこともあり、実際には倒産そのものの話を聞くことは少ないのだと思います。私が山形県酒田市の起業家・コングさんから、過去に会社を倒産させた話を聞くことができたのは、たまたま「EO North Japan」という経営者団体に入会する縁に恵まれたからであり、この団体に所属していなかったら、倒産した人に出会うことはなかったでしょう。

私が会社の清算を決めた2020年4月下旬の時点では、世界中で新型コロナウイルスによるパンデミックが起き、経済は混乱、ウイルスの終息も見えず、企業の倒産は今後確実に増えていくと予測されていました。また、企業のみならず、個人で事業をされている方々の廃業も増えていくと考えられました。

そうした中で、私が『**倒産した経営者**』だということを積極的に発信することこそ、自分に与えられた使命だと感じていたのです。

前向きな倒産、再チャレンジが認められる社会の実現へ

世間一般的に、倒産そのものは、ネガティブに受け取られると思います。しかし、適切なタイミングで会社を廃業させることは、経営者の義務であると考えました。たしかに取引先、従業員、顧客、金融機関のことを考慮すれば、M&Aや事業譲渡と

いう形で事業を存続させることが、ベターな選択肢であることに異論はありません。

しかし、このコロナ禍において、飲食店の立場は明らかに不利です。私自身、ここまで育ててきた会社を愛していましたし、会社の成長に貢献してくれた従業員も好きでした。

だからと言って、自社を愛する気持ちだけで難局を乗り越えられるわけでもありません。根拠なき精神論での経営は、時に無責任にもなりかねなかったのです。

将来的に会社が倒産するとわかっていながら経営を続けることは、経営者自身の首を締めるだけではありません。いざ資金の底が見えてくると、従業員の給料も満足に払えなくなり、家族をも巻き込んでしまう可能性すらあります。

取引先への支払いを先延ばしすることになれば、取引先の資金繰りにも影響が出て負担を強いることになります。ここまで来ると後に引けなくなり、金融機関から追加で借入を増やさざるを得ないことは容易に想像できました。

もし、金融機関からもお金を借りられなくなったらどうなるのか？　もしかしたら、友人や知人から借金することになったかもしれません。後に引けない状態になってからでは手遅れです。このようになったら、それこそ、倒産＝悪の象徴だと考えました。

だからこそ、選択肢の一つとして『**前向きな倒産**』を持っておくべきだと思ったのです。お金を貸してくれた金融機関には迷惑をかけることになりますが、沈みゆく船にさらにお金を貸すほうが、結果として大きな負担をかけることになります。

そうであれば、早期に会社を倒産させ、取引先・従業員を守り、金融機関には最低限の負担で済ませるほうが良いのではないかと思います。

これは、経営者にとっても長期的にはプラスになるはずです。短期的に損失を出したとしても、一度事業を整理して再出発したほうが、不利な状況のまま経営し続けていくより、うまくいく可能性が高まります。事業そのものはなくなってしまいますが、これまでの経験は経営者の血肉となり、一生残り続けます。その経験を活かすことができれば、次の事業はもっとうまくできるのではないでしょうか。

もう一つ、前向きな倒産をすすめる理由があります。それは、『**再チャレンジ**』が認められる社会にしたいからです。経営者は経営努力をすることは大前提として、それでも会社が立ち行かなくなってしまうのであれば、それは仕方のないことだと思います。

人は誰でも失敗します。会社を倒産させてしまう失敗もあります。一度失敗したら二度と立ち上がれないような日本に、未来があるとも思えません。次のチャレンジのために、失敗（＝倒産）を選ぶことが認められる世の中にしていきたいと思っています。

もし、次のチャレンジがうまくいけば、倒産は失敗ではなく、良い経験だったと言えるはずです。


私がｎｏｔｅで発信したのも、メディアに露出したことも、そして現在執筆しているこの本も『**前向きな倒産は経営者の義務であること**』『**再チャレンジが認められる社会になること**』を広く伝えるためです。

とはいえ、経営状況が悪化したらとにかく会社を倒産させよう！　ということを言いたいのではありません。

最大限の経営努力は絶対的に必要で、それでも立ち行かないとわかったのであれば、適切なタイミングで会社を倒産させることは、選択肢としてあっても良いという考え方です。

会社の解散

2020年5月29日（金）、株式会社イロモアは法的な手続きを経て「解散」しました。それと同時に「代表清算人」として私の名前が登記され、6月16日（火）、会社の解散が官報広告されました。

この頃には悲しいとか寂しいのような、後ろ向きの感情の揺れはありませんでした。「事務的に会社が解散して、自分が代表清算人になった」という事実を理解しただけの気持ちでした。

とはいえ、少し不思議な気持ちでもいました。創業者として**『会社の解散』**を経験する人はどれほどいるでしょうか？　少なくとも、私の同世代にはいません。そう考えると、自分が珍しい体験をしていることに、少し気持ちが高揚するところもありました。

再出発2020年7月28日（火）

2020年7月22日（水）、株式会社イロモアは特別清算の申立を行い、同時に「経営者保証に関するガイドライン」の通知も行いました。4月下旬に会社を閉める判断をして、それから怒濤のような約3ヶ月間を過ごしました。

「なんとしても特別清算にしなければいけない」

その一心でやってきたので、申立ができた時には、心から一段落しました。

翌週7月27日（月）時点の個人資産が、株式会社イロモアの清算財産に組み込まれ、翌日28日（火）からは株式会社イロモアの清算にとらわれることなく、自由に経済活動をしても良いことになったのです。

2020年7月28日（火）は、私にとって再チャレンジの門出となりました。

ゴールデンウィーク明けの2020年5月上旬に会社の清算を公表してから、最初の1ヶ月間は、店舗の片付けと取材対応に追われていました。とにかく考える暇もない程に、目の前の作業が膨大にあり、タスクをこなしていくことで精一杯でした。

6月に入ると、取材は落ち着きましたが、片付けが終わっていない店舗の機器売却や撤去、弁護士の先生と会社清算の法的な手続きを進めていました。

7月は、店舗の片付けも落ち着き、デスクワークで会社の会計業務、清算手続きに集中して取り組めました。自分に余裕ができたのも7月に入ってからでした。

ずっと、「次に何をするか」を考えていました。

仮に、自分が会社員だったとして、新型コロナウイルスの影響で無職になってしまったら、否応なしに就職活動していると思います。この時は会社の清算業務があるので、就職もせずにいましたが、「起業家であっても生活のためなら就職したっていいじゃないか？」という考えはベースにあります。

しかし、倒産を経験したいまの自分はそうはいかないようにも感じていました。それは、「期待に応えなければいけない」と思う気持ちが強かったからです。

これまで、本当にたくさんの方から応援や励ましのメッセージをいただきました。それと同時に、期待の声も多数いただきました。

「次に何をするのか楽しみです！」

「福井さんなら何やっても成功しそう！」

そのような期待の声をいただく背景には、ネット上では私の経営判断を英断だと評価してくださったこと、経営者としても有能だというふうに評価いただいてることにあると思います。私自身は、有能な経営者には程遠いと思っていますが、そのような評価をしてくださったことは、素直に嬉しく思います。

ただ、それがプレッシャーに感じるようになっていました。評価してくださる方には悪気はありません。応援する気持ちで言ってくださっているのは、よく理解していました。

しかし、言われ続けていると「みんなの期待に応えなきゃ！」と思ってしまうのです。結果として、素直に就職という選択肢を選べず、もう一回起業して事業を成功させなければいけないと思うようになりました。

しかし、ふと立ち止まって考えてみると、**『誰かの期待のための人生を歩みたいわけではない』**という気持ちに気付きました。新型コロナウイルスの影響で会社をたたみ、これまでの土台を失った私はいま、スタートラインに立っています。

本当に心の底から望む人生は何なのか？

心と対話を重ねて出た答えは**『家族の幸せ』**でした。

家族の幸せを大事にしたい

２０１４年の創業から、妻はずっと私を支えてくれていました。創業期はまさに二人三脚と言えるくらい、仕事も家庭でも常に行動を共にし、時には意見の違いから対立することもありました。それが経営方針の違いによる口論なのか、それとも夫婦喧嘩なのか、いまとなっては思い出せませんが、最後には「やりたいようにやればいいよ」と妻は言ってくれました。

社長になって気持ちが大きくなってしまっていた私を、ピシッと制御してくれたのも妻でした。こんな私でも、従業員が付いてきてくれたのは、妻の存在があったからです。妻は常に私のことを陰で支えてくれる存在だったのです。

会社が成長して従業員も増え、現場とマネジメントと事務の仕事を抱えた妻がキャパオーバーになった時ほど、後悔したことはありません。社員全員を解雇して、たった一人会社に残った時も「大丈夫、最後までできるよ！」といつも励ましてくれたのも妻でした。

私の起業の最初から最後までを見届けてくれたのは、妻しかいません。

そんな妻は、もう一度起業することに反対していました。正確には、6年前の創業と同じように、全てを会社にかけて起業することに対してです。

『起業して成功することこそが家族の幸せ』だと思っていた私は、どんな時も常に会社のことで頭の中はいっぱいでした。休日に子どもと遊んでいる時も会社のことを考え、従業員から連絡が入れば、子どもそっちのけですぐにスマホで対応していました。仕事では自分を追い込み、常に何かに追われ、何でも仕事を優先する生活スタイル。私の口癖は「いまは大変だけど、ここを乗り越えれば必ず幸せになるから！」でした。

創業した会社に人生の全てをかけていたので、私がこのように思ってしまったのも仕方ないのかもしれません。結局、原因はどうであれ、この会社は倒産することになりました。その一部始終を見てきた妻は、私がもう一度起業することを、喜んで賛成するわけがなかったのです。

「将来幸せになるから！」という言葉は、言い換えれば「いま、幸せになる努力を放棄しているだけ」と解釈することもできます。私は家族の時間や妻の気持ちを犠牲にして、会社の業務に取り組み、将来的に幸せになろうとしていました。

世の中の成功ストーリーは、いまを犠牲にして未来の幸せをつかむものなのかもしれません。

しかし、こうしていままでの土台を失ってスタートラインに立った私が、心の底から望むものを考え、そして導き出したものが**『家族の幸せ』**です。そうであれば、いまこの瞬間から家族の幸せを全力でつかみにいきたい。それが自分の幸せでもあると思います。

何かを得るためには、何かを差し出さなければならない。

これが、世の中の原則です。

いままでは、家族を犠牲にすることで、将来の成功を得ようと考えていました。しかし、これからは家族の幸せを得るために何かを差し出す、そのような生き方に変えていこうと誓いました。

妻の一番の望みは、「リスクがない働き方」でした。いまの時代にリスクがない働き方はないかもしれませんが、起業から会社をたたむところまで見届けた妻にとっては、起業することよりも、会社員でいるほうがリスクは少ないと考えるのは当然でしょう。それを妻が望むのであれば、それが家族の幸せになるのであれば、会社員に戻ることも、当然の選択肢として考えています。

新しいチャレンジ

妻が会社員になることを望んでいると理解しながらも、私自身、起業に対して諦めきれない部分があるのも事実です。

何もないところから事業を立ち上げ、自らの手で世の中に価値を提供していくことが、どんなに素晴らしいことか、どんなに楽しいことかを身をもって経験してきたからです。会社員になったとしても、起業家でいたい、これだけは譲れないポイントでした。

そして、2020年8月7日（金）、株式会社グラバーを設立しました。grabには心をつかむという意味があり、心をつかむようなサービスを提供する会社にしようという意味を込めてGrabber（グラバー）と名付けました。

この会社の設立には、妻も賛成してくれました。会社員をやりながら事業を持つこと、無理な借入はしないこと、家族を大切にすることを守れるのであれば、という条件です。半ば呆れながらも、「どうせ止めても何かやるでしょ。やりたいようにやればいいよ」と言ってくれました。

8月7日の設立日もこだわりました。

例年であれば、青森ねぶた祭の最終日です。しかし、2020年は新型コロナウイルスの感染予防のため、中止の判断がされました。いつもは観光客でにぎわうこの街も、本当に静かな一日でした。この日のことを忘れないようにと、8月7日を設立日に選びました。

事業内容は大きく3つです。

1つは、経営していたカフェで使っていたオリジナルパンケーキミックスの販売事業です。

カフェを創業して間もない頃から使ってきたパンケーキミックスには、私自身思い入れがあります。在庫処分で販売した際に購入いただいたお客様からも、再販を希望する声が多く、お店は閉店してしまいましたが、このパンケーキミックスだけは何とか残していきたいと思っていました。

手始めに、2020年7月末にクラウドファンディングをスタートさせました。開始9時間で目標金額を達成し、2020年8月9日（日）時点では、目標金額200％のご支援をいただきました（2020年9月20日［日］に終了しました）。今後は継続的に販売できるように、ショッピングモールやECサイトでの販売も検討しています。


2つ目は、廃業支援事業です。

少し古いデータですが、中小企業白書（2006年）によると、創業から3年後の廃業率は約40％、5年後で約50％、10年後には65％まで上がっていることがわかります。このデータが示すところは、起業する人にとって廃業は他人事ではなく、ごく身近なものであるということです。

しかし、廃業に関する情報は多くはありません。一般的に廃業は、世間に隠したいことなので、知見がたまりにくいのです。私自身がそうであったように、廃業にはどのような選択肢があるのかわからなければ、その選択肢が自分に合っているか判断することも難しいでしょう。

ネットの断片的な情報を鵜呑みにして、取り返しのつかない判断をしてしまうことも考えられます。そのような**『不幸な廃業』**をなくすことが、倒産を経験した私の責務でもあると感じています。


3つ目は、経営者の意思決定のスピードを上げて、VUCA時代（174ページ参照）を生き抜く会社経営の支援です。私は今回の新型コロナウイルスの流行により、経営者の意思決定の重要性を心底感じることとなりました。

突然発生したコントロール不可能な売上の低迷、緊急事態宣言による全国的な自粛、3密回避、ニューノーマルと言われる新しい生活様式への変化など、企業が置かれる事業環境は短期間で大きく変化しました。この変化に対応する唯一の方法は**『経営者の意思決定』**に他なりません。

会社を一つの船に例えるなら、経営者は船長と言えます。

もしも、船が突然の雷雨に遭ったら、この天気がいつまで続くと予想するのか、この場をどうやって乗り切るのか、一旦は近場の港に停泊するのか、刻一刻と変化する状況に、船長は迅速な決断を下さなければなりません。決断が遅れれば、海に飲み込まれて船は沈没するでしょう。会社経営においても、事業環境の変化に対して、経営者が迅速な意思決定をしなければ、最悪の状態で倒産することにもなりかねないのです。

このコロナ禍おいて、私の友人経営者も苦戦をしています。

しかし、彼らは大変な状況であっても迅速な意思決定を行い、いまも前へ前へと進んでいます。会社が実行できる複数の手段を分析・考察し、最善と思われる選択を取り続けることが、事業環境の変化への唯一の対応だということを見せてくれています。

私が早い段階で会社をたたんだことも、最悪の状態での倒産を避けるために、早期に意思決定をしたからです。私自身は、一刻も早く会社の方針を決定するという、ごく当たり前のことを行った感覚でしたが（もちろん簡単に決断できたわけではありませんが）、多くの方からその経営判断の早さに称賛をいただきました。裏を返せば、多くの人が早期に経営判断をする難しさを知っているということでもあります。

2016年の世界経済フォーラムで「VUCAワールド」という言葉が使われてから、ビジネスでも頻繁に目にするようになりました。VUCAとは、Volatility（変動性）、Uncertainty（不確実性）、Complexity（複雑性）、Ambiguity（曖昧性）という4つの頭文字からとったものです。

企業を取り巻く環境においては、変化が激しく、先が読めない不確実性があり、複雑で、曖昧な混沌としている状況を意味します。以前よりVUCA時代における経営は語られてきました。ですが、今回の新型コロナウイルスによる人類が経験したことのない事態は、あらためてVUCA時代における経営を考え直すきっかけとなったはずです。

コロナ禍というまさにVUCAの状況において、私が早い段階で会社を清算するという意思決定ができた背景には、大きく3つの要因がありました。

1つ目は、業務の仕組み化により現場から離れ経営に専念できる環境があったこと、2つ目は、現場の状況や会社の数字が見えるようになっていたこと、3つ目は、経営者として大切にしたいものがわかったことです。

経営に専念する環境があったことで、会社のことを考える時間を持つことができ、客観的に会社を見ることができました。現場の状況や会社の数字が見えたことで、感覚ではなく、裏付けのある選択肢を考えられました。経営者として大切なことがわかったことで、その選択肢を実行する決断ができました。

結果、会社自体は新型コロナウイルスというパンデミックには勝てませんでしたが、最悪の倒産は回避して、取引先、従業員、金融機関には最小限の迷惑に抑えることができたと考えています。

多くの経営者が私と同じ環境にはなく、簡単に意思決定できないことも理解しています。

私自身、ゼロから事業を立ち上げ、ゼロから組織を作ってきました。経営者が現場を離れる難しさを十分に知っています。業務の仕組みを作る過程で、自分が無理して体調を崩した経験もありました。簡単に仕組みを作れないことも理解しています。そして、最善の選択肢だと理解していても、意思決定をすることがどれほど難しいかも

株式会社グラバーの3事業

オリジナルパンケーキミックスの販売事業	経営していたカフェの人気商品を販売。 ショッピングモールやECサイトでの販売も検討中。
廃業支援	廃業した経験を活かし、 同じよう亜境遇に苦しむ経営者を支援し、 不幸な廃業をなくす。
経営支援	不確実性の増す時代において、 ますます重要となる「意思決定スピード」。 経営者が意思決定のしやすい環境を作る手助けをする。

自らの経験を生かした事業を3本の柱にし、「心をつかむようなサービスを」という意味を社名に込めた

経験してきました。

これらを経験してきた私だからこそ、多くの経営者の助けになれると信じています。理論や理屈だけではなく、実際に経験したからできる経営者に寄り添った支援です。今後も続くVUCA時代において、企業が事業環境の変化に迅速に対応できるように、経営者がスピード感を持って意思決定ができる環境づくりの支援をしていきたいと考えています。

全店舗閉店から新会社設立までの出来事

（2020年4~8月）

4月

- 下旬：全店舗閉店と事業の清算を決断

5月

- 5月8日：決断をnoteに投稿／店舗の片付けと取材対応を開始
- 5月10日：全従業員を解雇
- 5月17日：CAFE 202 さくら野弘前店、トンテキとハンバーグ 202 明渡完了（1,2店舗目）
- 5月29日：株式会社イロモア「解散」、代表清算人に名前が登記される

6月

- 6月4日：CAFE 202 ブランチ仙台店 明渡完了（3店舗目）
- 6月16日：会社の解散が官報広告
- 6月20日：肉バル529 明渡完了（4店舗目）

7月

- 7月7日：CAFE 202 青森店 兼 本社 明渡完了（5店舗目）
- 7月15日：代位弁済（信用保証協会が金融機関に対して貸付残額を支払う）
- 7月22日：特別清算の申し立て、金融機関へ「経営者保証に関するガイドライン」の通知
- 7月27日：個人資産が会社の清算財産に組み込まれる
- 7月28日：会社の清算に捉われることなく、経済活動ができるように

8月

- 8月7日：新会社「株式会社グラバー」を設立

第五章

全店舗閉店の経営者がいまだからこそ伝えられること

２０１４年に会社を創業した私は、２０１５年４月にカフェを開業して５店舗まで拡大してきました。

飲食素人の私は、丸５年間、本気で飲食店と向き合い、時には笑い、時には苦しみ、試行錯誤しながら経営していきました。

初めて部下を持ったのもこの会社で、振り返ってみれば失敗したことのほうが多く、「あの時こうしていれば状況が変わっていたかもしれない」と思うことも少なくありません。

しかし、その中で私がこれまで経験してきたことは、いま会社を経営されている方、またはこれから起業する方にはもちろんのこと、部下を抱えている方々にもお役に立てるであろうと思い、ここに書きとどめることにしました。

人材の採用は能力よりも組織に馴染むかどうかを見極める

創業したばかりの会社は、常に人材不足に悩まされます。事業の成長スピードが早く、それに合わせて組織を拡大する場面が多いため、その都度、社内で異動や昇進をさせるか、必要な人材を採用しなければなりません。

私の場合は、店舗展開がそれにあたりました。店舗を増やすことが事業成長であり、店舗を増やせば店長と店舗スタッフが必要になります。

経営者であれば事業を成長させてくれる優秀な人材を採用したいと思うものです。しかし、語弊を恐れずに言えば、求人募集をしても「現在の企業レベル程度の人材」しか集まらないと言われています。どんなに採用活動をがんばったとしても、一般的に高学歴と言われる学歴の人や能力が優れている人材を採用することは困難です。

それでもごく稀に、「うちに本当に就職してくれるのか⁉」と思えるような人材を採用できる場面があります。過去に、目の前に現れた宝を脊髄反射でつかみ取るようにして、能力だけで即採用したことがありました。

彼女は想定通りテキパキと仕事をこなし、「さすが！」と思えるような活躍をしてくれました。しかし、いつしか現場からは不満の声が聞こえてきて、「この人とはシフトを一緒にしないでほしい」という要望まで上がってくるようになってしまったのです。

原因は、社内のルールーやり方があるにもかかわらず、彼女独自のやり方を強要していたことでした。共通ルールがあったからこそ職場は和やかで、お互いに支え合う関係ができていたのです。

結局、彼女は個人としてのパフォーマンスは高かったものの、組織には馴染めませんでした。一対一で面談をして改善を促してみたものの、最終的に本人から居心地が悪くなったという理由で自主退職してしまいました。

中小企業経営者にとって、能力の高い人材は喉から手が出るほど欲しいものです。しかし、組織に合わない人材は、組織を成長させるどころか、足踏みさせる存在になりかねません。

人の能力は後からいくらでも伸ばすことができます。既存従業員と築いてきた会社の雰囲気や文化を大事にした上での人材の採用が、何より大切だということに気付くきっかけとなりました。

組織のトラブルは社長が責任を持つ

どのような組織でも、人が集まれば小さなトラブルは起こります。人それぞれ生活している環境や、これまで仕事をしてきた背景が違うので、意見の食い違いや衝突が起こるのは当然のことでしょう。

これらのトラブルに対して、どんなに小さなものであっても、組織のトップである社長が責任を持つべきだと考えています。

といっても、全てのトラブルを社長が解決するという意味ではありません。会社の規模によっては、各レイヤーにマネージャーがいて、彼らが日々対処していることでしょう。

社長が責任を持つという意味は、対処にあたる彼らのケアとトラブルのチェックを怠ってはいけないということです。

組織のトラブル解決には、想像以上に精神をすり減らします。これが積もりに積もって、ストレス過多、精神疲労、そして対処にあたった人の退職につながることもあり得ます。また、対処しきれなかった問題は、火の粉のように燃え移り、やがて大きな火事にもなっていきます。

私は、過去に、店長にあらゆる権限を移譲し、自由に店舗運営をする権限を与えたことがありました。代わりに、店舗内で起きたことは、基本的には店長の責任として対処してもらうというルールです。

最初はうまくいっているように見えました。しかし、次第にそれは崩れていきます。

きっかけは、協力して店作りに励んでいる中で、とあるスタッフの勤務態度が悪くなったことでした。店長はその人の対応に頭を抱えるようになったのです。

権限移譲したからには私も下手に介入してはいけないと思い、「まずは二人で話して解決しみたらどうか？　勤務中にそういう態度になったらやんわり伝えたらどうか？」と提案するだけに留めました。

店長は早速取り組みました。しかし、それから1ヶ月間様子を見ながら注意しても態度は変わらず、むしろ店長と問題のスタッフとの関係が悪化してしまったのです。

私はその頃には現場を離れ、新店舗の準備に奔走していたため、それほど大きな問題になっていると気付かずにいました。それから程なくして、店長の元気がなくなっていたことに気付いたのです。

どうしたものかと話を聞いてみると「問題のスタッフへの対応で気持ちに余裕がなくなってしまった。店長を辞めたい」と言われてしまいました。

「これは大変なことをした！」と思い、店長にはすぐに謝りました。最終的には私と妻が介入することで丸く収めることができましたが、組織のトラブルは社長が責任を持つべきだと身をもって感じました。

役職が人を育てる

人が育ってから役職を与えるべきか、役職を与えて人を育てるべきか。どちらが良いのかは永遠の課題かもしれません。私の経験から言うと、役職が人を育てるのだと考えます。

私が起業してはじめて雇用した社員の話をしたいと思います。

会社を設立してから2年が経った頃、彼女は当時19歳でした。第一印象はとても丁寧で、19歳とは思えないようなしっかりした人でした。ただ、いざ仕事をしてみると、聞き返さないとわからないくらいに声が小さくて、常に自信がない様子は、業務に支障がある程でした。

お客様の注文を取る時には、声が小さすぎて何度も聞き返されたり、厨房の中では声が通らず、私を呼んでいるのに気付かないようなこともありました。

いまでこそ「あの時、声が小さかったよね！」と笑い話にできますが、当時は本当に不安だったそうです。しかし、彼女は、先にも書いた通り、どんな仕事も手を抜かずに丁寧にこなす人です。教えたことは次の日にはすべて覚えてくるし、納得がいかない出来のものはできるまで何度でも練習していました。そのような姿を見て、こちらの背筋が伸びる思いをしました。

ちょうどその頃、2店舗目の出店を考えていた私は、次第に「彼女に1店舗目の店長を任せたい」と思うようになりました。自信がないところはマイナスかもしれないが、仕事は誰よりも丁寧だし、彼女ならスタッフにもしっかり教えてくれるだろう。何より仕事に対する真摯な姿勢は、スタッフから信頼を集めるに違いない。そう感じた私は、彼女に店長になることを打診しました。

最初は、「私にはできない」と言っていた彼女ですが、店長に向いている理由、店長をやってほしい理由を説明すると「チャレンジしてみたい」と言ってくれました。当時20歳でした。

最初は案の定、自信の無さが露呈していました。「スタッフに指示ができない」「言うべきことも言っていいのかわからない」「間違ってしまったらどうしよう」という不安や迷いから、強張った顔をしながら一人黙々と仕事をこなすだけの店長になっていました。

私は業務のフォローをしながら、彼女がうまくできたことはとにかく褒めて、小さな成功体験を積ませることに注力していました。彼女は顔を赤らめて「そんなことないです」と言いながらも、仕事ぶりには次第に自信が現れていきました。

彼女は、いつしか店の中で一番大きい声を出していると思えるくらいに、自信をもって仕事をするようになり、誰よりも努力家でがんばり屋の店長になっていました。

一時期、店長を降りることもありましたが、再び店長に戻った彼女は、退職する2020年4月いっぱいまで、どの店舗のスタッフからも尊敬され、信頼される立派な店長になっていました。

置かれた環境のせいにしても状況が好転することはない

とある1店舗の売上がイマイチ伸び悩んだ時期がありました。

『飲食店が成功するかどうかの鍵は立地にある』というのはよく言われる話で、私はこの店舗がうまくいかない理由を、立地のせいにしていました。立地のせいにしてしまえば、業態やメニュー構成、サービスの質など、自分が構築してきたものを正当化できるからです。

そうは言っても、飲食店は多額の投資をして出店するため、一度出店してしまったら場所を変えることはほぼ不可能です。いつかこの場所に日の目を見る時があるだろうか。そもそも劇的に立地が改善することなどありえるのだろうか。そう考えると、うまくいかない理由を、置かれた環境（立地）のせいにしても何も変わりません。

状況を好転させる方法はただ一つ、自分がコントロールできることを改善するのみです。

開店から1年が経った頃、思い切って店名の変更、コンセプトの再設計、メニューの一新を行ったことがあります。よくよく考えてみれば、この店は客層に合わせたコンセプトで出店したのではなく、「この業態がウケて欲しい」と思ったコンセプトにしていたことに気付きました。

肉の旨さをダイレクトに伝えられる本物のハンバーグを提供する店にしたい！

つなぎなし、牛肉100％のゴロっとしたハンバーグこそ本物だ！

お客様にはこれを届けたい！

このような思いを持ってオープンした店でした。

一般的に、おいしいと言われるハンバーグは食感が柔らかいものですが、つなぎなしのハンバーグは肉の旨味がダイレクトに感じられる一方で、玉子、パン粉、玉ねぎが入ってないため、食感は固くなります。お客様が驚くことは想定内でした。

また、牛肉100％なので価格も高くせざるを得ませんでした。それでも、これまで出店した店がうまくいっていただけに、自分が作ったコンセプトを過信して、新しいハンバーグの文化を作れるとさえ思っていたのです。

オープンからの初速は大成功。**『つなぎなしのハンバーグ』**というキャッチーな売り方にお客様がたくさん来てくれました。しかし、価格が高く、食感が固いハンバーグはリピートにはならなかったのです。

それもそのはず、出店場所の客層はファミリーとシニア層がメインです。彼らが求めるものは、固いハンバーグよりも柔らかいハンバーグ、価格が高くて上質なものよりも、安価でおいしい料理であることは、少し考えればわかることでした。

今度は、しっかり客層を捉えたコンセプトに作り直しました。小さな子どもやご高齢の方が食べやすいように、タネがくずれるほど柔らかいハンバーグに変えて、牛肉ではなく、味がさっぱりしたヘルシーな豚肉とつなぎを合わせることで、価格も抑えることができました。

結果、リニューアルオープンした月は前月比200%超の売上アップとなりました。

置かれた環境のせいにしたまま放っておいたら、コロナとは関係なく早々に閉店していたかもしれません。

弱いリーダーこそ強いリーダー

初めて部下を持った時から、リーダーは強くあるべきだと思っていました。誰よりも知識があって、誰よりも経験豊富で、誰よりも仕事をこなせる強いリーダーこそ、理想のリーダーだと思っていました。

そんな私は、いつしか従業員に弱さを見せられなくなっていました。「自分ができていないところを見せたくない」「失敗や間違いを認めたくない」という変なプライドを持つようになり、従業員から指摘されても、「間違った判断だと思われたくないからこのまま押し進めよう」というあるまじき思考にもなっていたのです。

従業員にとっては、心を開いてくれない、自分の意見を聞き入れてくれないリーダーだったと思います。

一方で、「従業員ともっと楽しく仕事がしたいのに！」と、自分の状況に違和感を感じていました。その時に思い出したのが、学生時代のアルバイト先の店長のことです。

いま思い出しても、最悪の店長でした。日中のランチタイムはしっかり仕事をするけど、夜になって客足が落ち着けば、お客さんと一緒になってお酒を飲んでいました。私の中では、「酔っ払っただらしない店長」というイメージしかありません。それなのに、総勢30人弱いるスタッフ同士は、和気あいあいと仕事をしていて、それぞれが規律を持って仕事をこなしているのです。

リーダーは強くあるべきだと思っていた私には、当時のことを思い出しても全く理解できなかったのです。ただ、それと同時に、ホールを統括していた社員の方の言葉も思い出しました。

「店長がダメだからみんな頑張るんだよね。店長がしっかりしてたらこの店は潰れてると思う（笑）」

そうか、そういうことか。

店長はいつも酔っ払っていたけど、店長のことは信頼できるし、店長のために皆でがんばろうという雰囲気がありました。

私に欠けていたのは**『ダメな部分を見せること』**だと気付いたのです。

残念ながら、これに気付くことができたのは1〜2年前のことです。それからは、素直に謝れるようになったつもりですし、自分の胸のうちをしっかり伝えるように努力するようになりました。

もっと早く気付くことができたら、もっと楽しい会社にできたのかもしれない、そう思わずにはいられません。

常に居心地の悪さを求める

・会社は社長の器以上に成長することはない
・現状維持は退化

昔からよく言われている言葉です。社長が成長を追い求めなければ、その会社はいずれ淘汰されてしまうというものです。

社長という立場は、上場企業や株主がいるような場合を除けば、誰かの管理下にいるわけではないため、誰からも何も言われず、自分にとって居心地の良い場所（コンフォートゾーン）に留まることができます。

しかし、それでは成長は望めません。これまでの人生を振り返ってみても、居心地の悪い時こそ成長できた実感があります。私が「EO North Japan」（年商1億円以上の起業家組織）に入会した理由も、この居心地の悪さを手に入れるためでした。

「EO North Japan」には、私の想像をはるかに超えるスーパー経営者がたくさん所属されています。年商規模は小さくても、素晴らしい理念経営で社員一丸となって取り組む社長もいます。そのような人たちを見ると、私の経営者としての器の小ささを思い知らされ、居心地が悪くて頭が痛くなるほどです。

しかし、そのような人たちと接するからこそ、自分の足りないところに気付き、成長するきっかけとなったと実感しています。

会社が倒産しても失うものは少ない

世間一般的には、**『倒産＝全てを失ってしまう』**と思われるかもしれません。

私自身も会社の清算を考え始めるまでは、倒産したら人生はどん底に突き落とされ、そこから二度と這い上がれないとさえ思っていました。

ところが、実際に倒産をしてみると、想像していたような事態にはなっていないのです。

たしかに、借入の返済をするために、これまで築いてきた会社や自分の資産は失いました。金融機関には大きな迷惑をかけてしまい、借りたお金を返せないことに対しての罪悪感を感じますし、返せなかった自分に負い目を感じます。

しかし、前向きに考え直せば、資産（＝お金）しか失っていないのです。

家族、友人・知人、取引先の方々は倒産前と変わらず私に接してくれています。それだけではなく、私のことをよく知る取引先の方は、大変だろうからと仕事のチャンスもくれるほどです。これまで取引先に対して誠実な対応を行い、信用を築いてきた結果ですが、倒産の際も逃げずに最後まで誠意を持って対応すれば、倒産という事実だけで信用を失うことはないのです。

また、会社はなくなってしまいますが、私が２０１４年の起業からいままでやってきたことは、経験となって一生私に残り続けます。倒産したからといって、起業で得たこと、やってきたこと、それを通じた自分自身の成長を失うことはありません。これらは次のステップで必ず役に立つと確信しています。

語弊を恐れずに言えば、倒産を怖がる必要はないのです。

もちろん、全ての会社が倒産を選ぶことを推奨するわけではありません。また、倒産すれば全てが解決するわけでもありません。

しかし、事実に対してしっかりと向き合い、誠実な対応を行えば、倒産によって人生がどん底になることはないのです。

むしろ、再出発のきっかけとして、前向きな選択になり得るのです。

起業家という生き方

この本を読んでくださっている方の中には、これから起業するか迷っている方や、現在、会社経営をしているが、廃業するか悩んでいる人もいると思います。

起業して失敗したら後悔するのではないかと考えたり、現在進行形で起業したことを後悔している人もいるかもしれません。

私も常に事業が順調だったわけではありません。

事業がうまくいかない時は、「会社員のほうが気楽でいいな」と思うことは何度もありました。

思い描いた組織を作れず、ギクシャクする社内の雰囲気を考えて眠れない日々が続くこともありました。

しかし、それも一時の気持ちの揺れです。過ぎ去ってしまえば、そのように苦労したこともいずれは血肉となり、次につながる良い経験だったと思えるようになります。

振り返れば、起業家という生き方は苦難の連続です。逃げ出したいと思っても逃げ出すことができず、逃げれば逃げるほどに問題は大きくなるばかりです。

体調を崩して人生のどん底を味わったこともあります。それでも這い上がり、問題に立ち向かい、一つ一つ解決していく。そこを乗り越えた時の達成感と、従業員やお客様の笑顔を作り出せた時の喜びは、何にも代え難いものです。

死ぬ間際、「大変だったけど良かった」と思えるのは、間違いなく起業家という生き方だと思います。

だから私はこれからも起業家として生きていきます。

おわりに

私が起業する前に、社員として働いていた株式会社マネジメントソリューションズ（ＭＳＯＬ）時代の話です。

当時の上司だった金子さんは、ＰＭＯ（プロジェクトマネジメントオフィス）という仕事を通じて、「プロフェッショナルの仕事とは何か」を教えてくれた方です。金子さんはクライアントへの成果は徹底して追求する方でした。やるべきことをやらなかった私に対して厳しく指導する一方で、部下のミスや至らない点はしっかりとカバーしてくれました。一つ一つの言動には熱い想いが込められていて、人間味あふれる上司でした。私はそんな金子さんを尊敬していました。人間として、男として、金子さんに惚れていました。

金子さんとはＭＳＯＬを退職してからも連絡を取り合っていました。青森市議会議員に立候補した時も、青森まで応援にかけつけてくれました。起業した後も、私が東京出張の際にお会いして、組織のマネジメントで悩む私に的確なアドバイスをくれました。

2018年2月のことです。その金子さんと東京でご飯を食べる機会がありました。私の中では金子さんは永遠のメンターだと思っていたので、いつものようにたくさんの悩みを引っ提げてお会いしました。

その時、久しぶりに高橋さん（高橋信也MSOL社長）に会ってみたらどう？　という話になり、金子さんの働きかけで同年4月、高橋さんが東京から青森まで私が経営する店舗を見に来てくれたのです。私が社員として働いていた会社の社長が、わざわざ青森まで来てくれるなんて思ってもいませんでした。

当時、私は3店舗経営していました。その3店舗を周りながら、MSOLを創業した時のこと、苦しい時代があったこと、それを乗り越えていまがあること、ご家庭の話もしてくれました。私が社員だった時に抱いていた印象は、ものすごいパワフルで、どちらかといえば細かいことを気にしない豪腕な経営者。ですから、たくさんの苦労を乗り越えてこられたことには刺激を受け、勇気づけられました。自分の悩みが米粒のように小さく感じて「これくらい乗り越えられるな！」と前向きな気持になったことを覚えています。

それから何度か東京でもお会いして、その都度、新たな気付きやアドバイスをいただきました。

印象的だったのが、常に鞄の中には本が入っていることです。私から見たら十分すぎるほどに経営の知識や経験、教養もあり、比較するのもおこがましいのですが「この人には絶対に敵わないな……」と感じるほどの方でした。

そんな方が常に鞄の中に本を忍ばせ、会う度に「この本いいよ」と勧めてくださったのです。「だからこんなに知識や教養が豊富なのか……」と納得する一方で、どのような立場になっても常に勉強する大切さを感じざるを得ませんでした。

ＭＳＯＬの全社会議にも呼んでくださって、卒業生として起業について講演する機会をいただきました。最後に全社員の前で話したのがＭＳＯＬを辞める時で、ＭＳＯＬは当時の社員数から倍以上になっていました。講演の趣旨としては、私の経験を話すことで社員のキャリアに気付きを与えるものでしたが、逆に私がもっと成長しなければ！　と刺激をいただく機会となりました。

ＭＳＯＬが上海に支社を出した時には、上海の街も案内してくれました。

かねてから上海の食に興味があった私は、高橋さんの出張に合わせて上海に行きました。この時は妻も連れていきました。上海の文化や地域性を、街を周りながら教えてくれたり、地元の人が利用する大衆料理店や若者に人気の料理店にも連れていってくれました。市場も周り、上海の街、食文化を短い時間で堪能することができました。食のエンターテイメントという観点では非常に参考になり、帰国してから早速店舗にも反映させました。

卒業生に対する高橋さんの深い愛情。上海の街を周りながら、ずっとそれを感じました。私が尊敬する経営者は、松下幸之助でもなければ、稲盛和夫でもなく、マネジメントソリューションズの高橋信也社長だと胸を張って言えます。

こうして会う度に「必ず恩返しをしたい」という気持ちが強くなっていきました。お2人との出会いがなければ、いまの私はありません。改めてありがとうございました。

◇　◇　◇

この本は、ｎｏｔｅ『全店舗閉店して会社を清算することに決めました』を読んでくださった実業之日本社の白戸編集長からお声がけをいただき、執筆が始まりました。私の経験が役に立てればと思っている中で、たくさんの方が目にする『出版』という機会をいただけたことを大変ありがたく思っております。

白戸さんからお声がけをいただいた時は、文章を書くことは苦ではなかったし、そんなに気負わずに書けるだろうと思っていました。

しかし、自分の経験や思考を文字に起こすということは、たった数ヶ月前の出来事であっても、当時の辛く苦しい記憶を思い出すことに他ならず、初めての著書であることを除いても、執筆は困難なものでした。

それでも、こうして書き切ることができたのは本書の編集に尽力いただいた白戸さんの支えがあってのことです。感謝を申し上げます。

私は小さい頃から「人よりも優れた結果を出したい」「人と違うことで評価された

い」というように、誰かと比較して自分が認められることに価値を感じる人生を走り続けてきました。

何をするにも、「自分がどう思われるか」「誰かに評価される何者かにならなければいけない」と思っていました。それは私が、他人への劣等感を感じやすく、見栄やプライドもあり、人から良く思われたいという願望が強い人間だったからだと思います。

いまその気持ちが全くないかと言えば嘘になりますが、自分のことをさらけ出して本を書くまでになったと思えば、随分成長したなあと思います。

いま、こうして新たなスタート地点に立った私の周りには、家族はもちろんのこと、お世話になった先輩方、友人、知人、多くの人達がいて、変わらずに接してくれています。それ以上に何を求める必要があるのでしょうか。何者かなんかになる必要はない。ありのままの自分を受け入れ、ありのままをさらけ出し、支えてくれる大切な家族、仲間たちを大切にしていく。そんな生き方が心から素晴らしいと思えるようになりました。

「全店舗閉店」は、私にとって大切なものを気付かせてくれたかけがえのない経験と言えるでしょう。

最後に、この本にご登場いただいた先輩方、お世話になっている皆様、元従業員のみんな、この本を手に取ってくださった方々に心から感謝を申し上げます。

福井寿和（ふくい・としかず）

1987年生まれ、青森県出身。新潟大学経済学部卒業後、日本NCR株式会社にシステムエンジニアとして入社。その後、株式会社マネジメントソリューションズでPMO（プロジェクトマネジメントオフィス）を経験後、2014年に地元青森で合同会社イロモアを創業。コワーキングスペースの経営からスタートし、2015年に1店舗目の飲食店となる「CAFE 202 青森店」をオープン。2017年に株式会社イロモアの代表取締役に就任し、2019年までに青森と仙台に合計5店舗の飲食店を開業する。

事業が軌道に乗り始めた矢先に新型コロナウイルスが襲来。難しい選択を迫られる中、「全店舗閉店、事業清算」という苦渋の決断を下す。その背景を綴ったブログは140万PV超えを記録した。

2020年8月、株式会社グラバーを設立。「廃業支援」など倒産の経験を生かした事業をスタート。本書が初の著書となる。

Twitter:@aomorio

全店舗閉店して
会社を清算することにしました。
コロナで全店舗閉店、事業清算、再出発を選んだ社長の話

2020年11月11日　初版第1刷発行

著　者　　福井寿和
発行者　　岩野裕一

発行所　　株式会社実業之日本社
〒107-0062
東京都港区南青山5-4-30
CoSTUME NATIONAL Aoyama Complex 2F
電話（編集）03-6809-0452
（販売）03-6809-0495
https://www.j-n.co.jp/
印刷・製本　　大日本印刷株式会社

装丁　　西垂水敦・市川さつき（krran）
本文DTP　　加藤一来
校正　　くすのき舎
編集　　白戸翔（実業之日本社）

ISBN 978-4-408-33947-4（新企画）